Duden

Das Grundschulgrammatik-Übungsbuch

Dein Übungsbuch zur Grundschulgrammatik

2., aktualisierte Auflage

Dudenverlag
Berlin

Mit einfachen Strategien Sprache untersuchen 4

So findest du dich in diesem Buch zurecht 5

Wortarten unterscheiden 6

- Was kann ich mit Nomen machen? 8
- Was kann ich mit Adjektiven machen? 13
- Was kann ich mit Verben machen? 15
- Was kann ich mit Pronomen machen? 19
- Was kann ich mit Präpositionen machen? 21

Wörter untersuchen 22

- Woran erkenne ich Zusammensetzungen? 24
- Wie entstehen Ableitungen? 29
- Wie werden Wortkürzungen gebildet? 32

Sätze untersuchen 34

- Woraus besteht ein Satz? 36
- Was ist ein Prädikat? 37
- Was ist ein Subjekt? 41
- Was ist ein Objekt? 43
- Was ist eine adverbiale Bestimmung? 47

Satzarten unterscheiden 50

- Was drücke ich mit einem Aussagesatz aus? 52
- Was drücke ich mit einem Fragesatz aus? 54
- Was drücke ich mit einem Aufforderungssatz aus? 57
- Was drücke ich mit einem Ausrufesatz aus? 59

Sätze verbinden 60

- Wie unterscheide ich Haupt- und Nebensatz? 62
- Wie verbinde ich Hauptsätze? 64
- Wie verknüpfe ich Haupt- und Nebensatz? 66
- Wo kann der Nebensatz stehen? 69

Lösungen 70

Fachbegriffe zum Ausschneiden 79

Mit einfachen Strategien Sprache untersuchen

Diese fünf Kinder zeigen dir, wie du vorgehen musst, um den Aufbau der deutschen Sprache zu erforschen und zu verstehen. Jedes Kind erklärt dir dazu eine wichtige Methode.

Wortarten unterscheiden
Wörter untersuchen
Sätze untersuchen
Satzarten unterscheiden
Sätze verbinden

Wenn du immer wieder über deine Sprache nachdenkst und sie untersuchst, wirst du sehr viel über sie erfahren und ihr auf die Schliche kommen. Es ist spannend, zu entdecken, wie sie funktioniert. Dieses Wissen hilft dir außerdem, die Grammatik beim Sprechen und beim Schreiben von Texten richtig anzuwenden. Auch beim Lösen von Rechtschreibproblemen ist es hilfreich, wenn du dich gut in der Grammatik auskennst.

So findest du dich in diesem Buch zurecht

Jedes der fünf Kapitel beginnt mit einer Doppelseite, auf der eine Strategie vorgestellt wird, die dir hilft, die Wortarten, die Wortbildung und den Aufbau von Sätzen zu verstehen. Dort zeigt dir jeweils ein Kind, wie du vorgehen kannst. Lies die Seiten gründlich durch und achte auch auf die Beispiele.

Nach dieser Doppelseite folgen immer einige Seiten mit Aufgaben oder Übungen.

Knifflige Nachdenkaufgaben stehen auf einem gelben Klebezettel.

Die Lösungen findest du im Lösungsteil. Vergleiche und überprüfe deine Arbeitsergebnisse. Dort kannst du auch nachschauen, wenn du nicht weiter weißt.

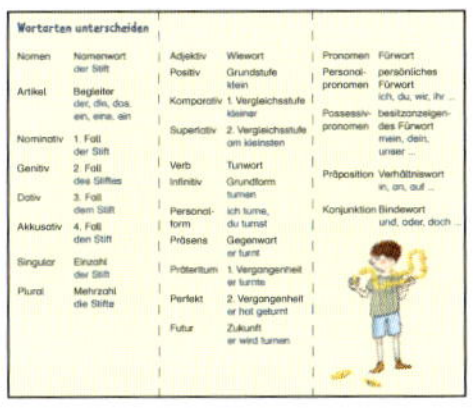

Die Liste der Fachbegriffe auf der Ausschneideseite kannst du ausschneiden und neben dich legen. Wenn du einen lateinischen Begriff nicht kennst, kannst du sofort in der Liste den deutschen Begriff finden.

Du möchtest noch mehr über Wortarten, Satzverbindungen und andere grammatische Themen wissen? Dann schlag einfach in der „Grundschulgrammatik" von Duden nach. Ich zeige dir, auf welchen Seiten du dort weiterlesen kannst. So wirst du ein richtiger Grammatikforscher!

Wortarten unterscheiden

Die Wörter unserer Sprache sind in verschiedene Gruppen eingeteilt. Man nennt diese Gruppen auch Wortarten. Ich kann sie voneinander unterscheiden, indem ich überlege, was ich mit den verschiedenen Wortarten alles machen kann.

Was kann ich mit Nomen machen?

Mit Nomen bezeichne ich Menschen, Tiere, Pflanzen, Dinge oder Nichtgegenständliches wie Vorstellungen und Gefühle. Auch für Eigennamen und Sammelnamen verwende ich Nomen. Ich achte dabei auf den Artikel.

der Junge, die Katze, der Busch, der Stuhl, die Idee, die Luft, Sven, der Rhein, das Obst

Mit der Singular- oder Pluralform des Nomens kann ich ausdrücken, ob etwas einmal oder mehrmals vorkommt.

der Stuhl, die Stühle

Im Satz achte ich darauf, wie sich das Nomen und sein Artikel verändern.

Der Stuhl kippt.
Die Beine **des Stuhls** wackeln.
Dem Stuhl bricht die Lehne.
Ich repariere **den Stuhl.**

Was kann ich mit Adjektiven machen?

Mit Adjektiven kann ich beschreiben, wie etwas sein kann, wie etwas aussieht oder wie jemand etwas tut.

Das Wetter ist **schlecht**.
Ich sehe **schwarze** Wolken.
Ich gehe **schnell** ins Haus.

Ich kann mit Adjektiven Unterschiede ausdrücken und etwas miteinander vergleichen. Dafür steigere ich sie.

ein **schwacher** Wind
ein **starker** Wind
ein **stärkerer** Wind
der **stärkste** Wind

Was kann ich mit Verben machen?

Mit Verben kann ich ausdrücken, was jemand tut, was geschieht oder in welchem Zustand sich jemand oder etwas befindet. Ich achte dabei auf die Personalform des Verbs.

gießen
blühen
erfrieren

Ich gieß**e**.
Die Pflanze blüh**t**.
Im Winter erfrier**en**
oft **Pflanzen**.

Mit Verben kann ich verschiedene Zeitstufen angeben. Dafür wähle ich die passende Zeitform des Verbs.

Gestern regnet**e** es.
Heute regne**t** es nicht.
Wird es morgen **regnen**?

Was kann ich mit Pronomen machen?

Die Personalpronomen kann ich als Stellvertreter für eine Person einsetzen.

ich, du, er, sie, es,
wir, ihr, sie

Opa kommt.
Er bringt mir etwas mit.

Mit Possessivpronomen kann ich anzeigen, wem etwas gehört.

mein, dein, sein, ihr,
unser, euer

mein Opa – **meine** Oma

Was kann ich mit Präpositionen machen?

Mit Präpositionen kann ich etwas über den Ort, die Richtung, die Zeit, den Grund oder über die Art und Weise, wie etwas geschieht, sagen.

Art und Weise: wie?
Zeit: wann?
Grund: warum?
Ort: wo? wohin? woher?

Ich fahre **mit** dem Fahrrad **um** zwei Uhr **wegen** der Hausaufgaben **zu** meiner Freundin.

Was kann ich mit Nomen machen?

Mit Nomen benenne ich **Lebewesen** und **Dinge.** Auch **Nichtgegenständliches,** also etwas, das ich nicht sehen, anfassen, hören oder riechen kann, bezeichne ich mit Nomen. Ich verwende sie außerdem für **Eigennamen** und **Sammelnamen.**

› Ich lese die Tabelle, prüfe die verschiedenen Gruppen und ergänze passende Überschriften.

Nomen				
das Kind	X			
die Wut		X		
das Obst				X
Max			X	
der Baum	X			
der Stuhl	X			
die Zugspitze			X	
das Tier	X			
das Glück		X		
der Gedanke		X		
Frankreich			X	
das Geschirr				X
Alina			X	
das Werkzeug				X
die Freundschaft		X		
die Donau			X	

Was kann ich mit Nomen machen?

Ein Kennzeichen des Nomens ist sein Begleiter, der Artikel. Meine ich eine bestimmte Person oder Sache, verwende ich den bestimmten Artikel **der, die** oder **das.** Den unbestimmten Artikel **ein, eine** oder **ein** verwende ich, wenn ich keine bestimmte Person oder Sache meine.

› Ich überlege und setze einen passenden Artikel ein. Ich markiere in der jeweils passenden Farbe, zu welcher Gruppe das Wort gehört.

Für Nomen, die etwas Männliches bezeichnen, verwende ich den männlichen Artikel **der** oder **ein.**

Für die meisten Nomen gibt es keine Regel. Ich muss mir merken, ob ich **der/ein**, **die/eine** oder **das/ein** verwenden muss.

Für Nomen, die etwas Weibliches bezeichnen, verwende ich den weiblichen Artikel **die** oder **eine.**

die/eine Henne   der/ein Kater   ______ Hahn   ______ Haus

______ Katze   ______ Schwester   ______ Mann   ______ Wolle

______ Kind   ______ Frau   ______ Lehrerin   ______ Korb

______ Lehrer   ______ Stern   ______ Bruder   ______ Schule

› Ich überlege, ob ich den bestimmten oder unbestimmten Artikel einsetze.

Ein Hund winselt.   Wem gehört ______ Hund?

______ Junge tröstet den Hund.   ______ Junge kennt den Hund.

Da kommt ______ Frau mit einer Leine in der Hand.

______ Frau ist eine Nachbarin und ihr gehört der Hund.

Was kann ich mit Nomen machen?

Die meisten Nomen kann ich im **Singular** und im **Plural** verwenden. Ob etwas nur einmal oder mehrmals vorkommt, erkenne ich in einem Text oft schon an Wörtern, die eine Menge angeben. Meist gibt auch die Form des Nomens darüber Auskunft.

› Ich markiere im Text die Mengenangaben. Ich schreibe jedes Nomen in der Singular- und Pluralform auf und markiere, was sich verändert hat.

Mia bereitet ein Wettspiel für zwölf Kinder vor. Sie denkt sich ziemlich viele Aufgaben für alle Mannschaften aus. Dafür besorgt sie mehrere Pappen, ganz viele Stifte, einige Schreibblöcke, ein paar Luftballons und schöne Preise.

Singularform	Pluralform
das Wettspiel	die Wettspiele

Gibt es Nomen, die keine Pluralform haben?

Was kann ich mit Nomen machen?

Ich verändere die Form von Nomen und Artikel, je nachdem wie ich sie in einem Text verwende. Diese verschiedenen Formen nennt man die **vier Fälle des Nomens**. Sie heißen **Nominativ** (1. Fall), **Genitiv** (2. Fall), **Dativ** (3. Fall) und **Akkusativ** (4. Fall).

› Ich überlege und wähle die richtige Form des Nomens.

Der Ball fliegt über den Zaun. Der Besitzer ______________ will ihn holen. Doch die Nachbarin steht schon direkt vor ______________. Schnell kickt sie ______________ zurück.

dem Ball
der Ball
des Balles
den Ball

Alle finden den Schuss ______________ toll. Sie klatschen ______________ Beifall. Sie nehmen ______________ in ihre Mannschaft auf. Gerne spielt ______________ mit.

die Nachbarin
die Nachbarin
der Nachbarin
der Nachbarin

______________ beginnt. In ______________ schießt die Nachbarin alle Tore. Warum hat die Nachbarin ______________ so im Griff? Am Ende ______________ löst sich das Rätsel.

dem Spiel
das Spiel
des Spiels
das Spiel

Was kann ich mit Nomen machen?

In welchem Fall das Nomen steht, finde ich heraus, indem ich mit bestimmten Fragewörtern nach ihm frage: **Wer?** (1. Fall), **Wessen?** (2. Fall), **Wem?** (3. Fall), **Wen?** oder **Was?** (4. Fall).

› Ich frage nach den vier Fällen des Nomens und trage ein.

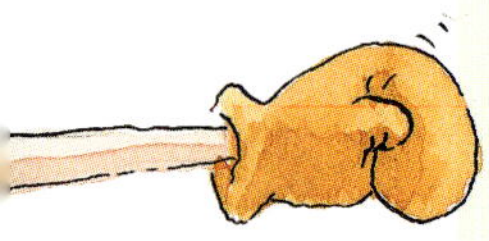

Der Boxer wärmt sich auf.	Wer wärmt sich auf?
Der Blick des Boxers ist ernst.	__________ Blick ist ernst?
Der Trainer reicht dem Boxer Wasser.	__________ reicht der Trainer Wasser?
Alle erwarten den Boxer.	__________ erwarten alle?

Die Sängerin singt sich ein.	__________ singt sich ein?
Das Konzert der Sängerin beginnt.	__________ Konzert beginnt?
Ein Musiker reicht der Sängerin das Mikrofon.	__________ reicht ein Musiker das Mikrofon?
Die Fans bejubeln die Sängerin.	__________ bejubeln die Fans?

Das Kaninchen hat jetzt einen Auftritt.	__________ hat jetzt einen Auftritt?
Der Puls des Kaninchens rast.	__________ Puls rast?
Dem Kaninchen stehen die Haare zu Berge.	__________ stehen die Haare zu Berge?
Alle wollen das Kaninchen sehen.	__________ wollen alle sehen?

Was kann ich mit Adjektiven machen?

Adjektive verwende ich, um genau zu beschreiben, wie etwas ist, wie ein Lebewesen oder ein Gegenstand aussieht oder wie jemand etwas tut.

› Ich kreuze ein passendes Adjektiv an und schreibe. Ich markiere die Stelle, an der sich das Adjektiv verändert hat.

Wie ist das Buch?
- ☒ spannend
- ○ langweilig

Das Buch ist spannend. ____ das spannende Buch

Wie ist der Mann?
- ○ stark
- ○ schwach

____ ____

Wie ist die Nuss?
- ○ oval
- ○ rund

____ ____

Wie reitet der Ritter?
- ○ schnell
- ○ langsam

____ ____

Wie singt der Vogel?
- ○ laut
- ○ leise

____ ____

Ich überlege, wann sich die Form des Adjektivs verändert.

Was kann ich mit Adjektiven machen?

Mit Adjektiven kann ich Unterschiede ausdrücken und Vergleiche anstellen. Dafür gibt es drei Steigerungsstufen und verschiedene Vergleichsformen.

› Ich vergleiche, wähle die passende Vergleichsform und verbinde.

Berlin ist	genauso tief wie	Frankfurt.
Die Elbe ist	doppelt so groß wie	die Spree.
Der Mount Everest ist	halb so weit wie	die Zugspitze.
Von Berlin nach Hamburg ist es	höher als	von Berlin nach München.
Der Chiemsee ist	länger als	der Walchensee.
Die Vatikanstadt ist	die meisten	Staat der Welt.
In Asien leben	der kleinste	Menschen der Welt.

› Ich ergänze die Tabelle.

Grundstufe	1. Vergleichsstufe	2. Vergleichsstufe
tief	tiefer	am tiefsten
groß		
weit		
	höher	
	länger	
		am meisten
		am kleinsten

Was kann ich mit Verben machen?

Verben spielen in unserer Sprache eine große Rolle. Erst durch sie kann ich ausdrücken, was jemand tut oder was geschieht.

› Ich kann schon an der Grundform der Verben erkennen, zu welchem Bild sie passen. Ich markiere die Verben in der passenden Farbe.

pflegen

blühen

nieseln

düngen

gießen

Hund

springen

plätschern

Pflanzen

wachsen

jäten

arbeiten

spritzen

schneiden

prasseln

Regen

welken

scharren

bellen

strahlen

sprießen

Gärtner

scheinen

buddeln

Sonne

tröpfeln

Was kann ich mit Verben machen?

Mit der **Personalform** des Verbs kann ich angeben, ob ich von mir spreche, jemanden direkt anspreche oder über andere spreche. Die Personalform erkenne ich an der Endung des Verbs.

› Ich achte auf die Endung des Verbs und markiere sie.

› Ich ergänze:

Grundform		Personalform
helfen	→	ich helfe
______	←	du kaufst ein
______	→	er/sie/es kocht
helfen	→	wir ______
einkaufen	→	ihr ______
______	←	sie kochen

Was kann ich mit Verben machen?

Es gibt verschiedene **Zeitstufen**. Ob etwas früher einmal war, jetzt ist oder später sein wird, erkenne ich in einem Text oft schon an Wörtern, die eine bestimmte Zeitstufe angeben. Ich kann die Zeitstufe auch an der Form des Verbs erkennen.

› Ich markiere im Text die Wörter, die eine Zeitstufe angeben.
Ich ergänze die Tabelle.

Früher reiste man mit der Kutsche. Damals dauerten die Reisen lange und waren beschwerlich. Heute fliegen wir mit dem Flugzeug in ein paar Stunden in ferne Länder. Was wird später einmal sein? Wird uns künftig eine Rakete zum Ferienmachen auf den Mond transportieren? Davon habe ich schon oft geträumt.

früher ⟵ jetzt ⟶ später

Präteritum	Präsens	Futur
ich träumte	ich träume	ich werde träumen
du träumtest		
		er wird träumen
sie träumte		
	es träumt	
		wir werden träumen
ihr träumtet		
	sie träumen	

Ich schaue mir genau an, wie sich das Verb **träumen** in den verschiedenen Zeitformen verändert.

Was kann ich mit Verben machen?

Ich kann zwei verschiedene Formen verwenden, um Vergangenes auszudrücken: das **Präteritum** (1. Vergangenheit) und das **Perfekt** (2. Vergangenheit). Das Perfekt ist eine zusammengesetzte Zeitform.

› Ich markiere die verschiedenen Vergangenheitsformen des Verbs.

Wie heißt das Märchen?

Es lebte einmal ein Holzhacker.

Hast du das Märchen schon einmal gelesen?

Ich habe das Märchen sogar schon im Theater gesehen.

Er verdiente wenig Geld.

Es gab nichts zu essen.

Ich habe es aber noch nie selbst gelesen.

Der Holzhacker und seine Frau schickten ihre Kinder in den Wald.

Schon damals habe ich mit den Kindern Mitleid gehabt.

Dort ließen sie ihre Kinder allein.

Und ich bin vor Angst unter den Sitz gekrochen.

Ich überlege, wann ich welche Vergangenheitsform benutze.

Was kann ich mit Pronomen machen?

Das **Personalpronomen** steht für eine Person, das heißt in der Grammatik für Menschen, Tiere, Pflanzen, Gegenstände und Nichtgegenständliches.

› Ich wähle zu den vorgegebenen Verbformen die passenden Personalpronomen aus und markiere sie.

ich		ich		ich		ich	
du		du		du		du	
er		er		er		er	
sie	male	sie	malst	sie	malt	sie	malten
es		es		es		es	
wir		wir		wir		wir	
ihr		ihr		ihr		ihr	
sie		sie		sie		sie	

› Ich überlege, mit welchem Personalpronomen ich die markierten Wörter ersetzen kann.

Leonardo da Vinci ist ein berühmter Maler und Erfinder. Er lebte vor ungefähr 500 Jahren in Italien.

Personen wirken auf Bildern besonders lebendig. ____ schauen den Betrachter oft direkt an.

Das berühmteste Bild ist „Mona Lisa“. ____ hängt im Museum in Paris.

Tinka und ich haben uns die Mona Lisa im Internet angeschaut. ____ wollen das Bild aber auch einmal in Paris sehen.

Ich überlege, warum ein Text besser klingt, wenn Nomen durch Personalpronomen ersetzt werden.

Was kann ich mit Pronomen machen?

Ich verwende Possessivpronomen um auszudrücken, wem etwas gehört.
Sie stehen als Begleiter eines Nomens vor ihm. Deshalb verändern sie ihre Form.
Possessivpronomen sind: **mein, dein, sein, uns, euer, ihr.**

› Ich suche heraus, was wem gehört, und trage ein. Ich achte auf passende Possessivpronomen.

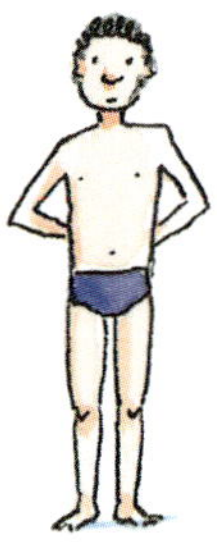

ein Surfer

Ich setze meine Sportbrille auf.

Ich ziehe ______________________ an.

Ich hole ______________________.

eine Fußballspielerin

Sie bindet ______________________.

Sie wechselt ______________________.

Sie holt ______________________.

zwei Tischtennisspieler

Wir stellen ______________________ auf.

Wir holen ______________________.

Wir spannen ______________________.

ein Musiker

Er holt ______________________.

Er stellt ______________________ auf.

Er blättert durch ______________________.

Ihr besucht einen Freund.
Das ist **ihr** Freund.
Ich überlege, wo der Unterschied liegt.

Was kann ich mit Präpositionen machen?

Mit Präpositionen kann ich zusammen mit anderen Wörtern ausdrücken, wo sich etwas oder jemand befindet, wohin etwas oder jemand geht, woher etwas oder jemand kommt und wann, warum oder wie etwas stattfindet.

› Ich schaue mir das Bild an, beantworte jede Frage und kreuze an. Ich markiere die Präposition.

Wann geschah der Unfall?

☒ um 13.45 Uhr	○ ab 19 Uhr	○ seit gestern

Woher kam der Fahrradfahrer?

○ aus der Einfahrt	○ über die Brücke	○ von unten

Wohin war der Fahrradfahrer unterwegs?

○ zum Postamt	○ an den See	○ nach Hause

Wo stand der Gemüsestand?

○ zwischen den Laternen	○ unter der Brücke	○ vor der Apotheke

Warum konnte der Fahrradfahrer den Gemüsestand nicht sehen?

○ wegen der Pakete	○ wegen der hohen Bäume	○ wegen des schlechten Wetters

Wie rettete der Verkäufer seine Ware?

○ mithilfe von Passanten	○ unter Tränen	○ ohne Wut

Wörter untersuchen

Die meisten Wörter sind durch Zusammensetzungen, Ableitungen oder Wortkürzungen entstanden. Ich kann das erkennen, wenn ich die Wörter untersuche.

Woran erkenne ich Zusammensetzungen?

Zusammensetzungen erkenne ich daran, dass zwei oder mehrere selbstständige Wörter miteinander verbunden sind.

die Haustür
das Haustürschlüsselloch
hellrot

Ich stelle fest, dass Wörter der gleichen Wortart und verschiedene Wortarten miteinander kombiniert werden können.

das Stadt**haus**
das Hoch**haus**
haus**hoch**

Ich unterscheide bei zusammengesetzten Wörtern Bestimmungswort und Grundwort.

der **Zimmer**schlüssel
der **Keller**schlüssel
dunkelrot

Das Grundwort gibt die Wortart an. Bei Nomen bestimmt es außerdem den Artikel und die Singular- und Pluralform.

rost**frei**
das Tür**schloss**
die Tür**schlösser**

Ich finde heraus, dass bei manchen Zusammensetzungen Buchstaben eingefügt werden oder wegfallen.

der Wohnung**s**schlüssel
das Wohnhaus

Wie entstehen Ableitungen?

Bei Ableitungen gehe ich vom Wortstamm eines Wortes aus.

sprechen

Eine Ableitung kann entstehen, indem ein Wortstamm mit vorangestellten oder nachgestellten Wortbausteinen verbunden wird.

Besprech**ung**

Manchmal entsteht eine Ableitung auch dadurch, dass sich nur der Vokal im Wortstamm verändert.

spr**e**chen
der Spr**u**ch

Wie werden Wortkürzungen gebildet?

Ich untersuche, ob die Wortkürzung aus einzelnen Buchstaben oder Silben eines Wortes oder einer Wortgruppe besteht.

unbekanntes **F**lug**o**bjekt
Ufo

Kriminal**po**lizei
Kripo

Ich finde heraus, ob ein zusammenhängender Teil eines Wortes stehen bleibt.

Mathematik
Mathe

Orangen**saft**
O-Saft

Woran erkenne ich Zusammensetzungen?

In unserer Sprache gibt es viele zusammengesetzte Wörter. Sie werden aus Wörtern gebildet, die für sich alleine stehen können.

› Ich untersuche jedes zusammengesetzte Wort und trage die einzelnen Wörter ein.

lauwarm	
lau	warm

Gemüsesuppe	

hellgelb	

durchbraten	

Reispudding	

abschneiden	

Brotkastendeckel		

Kaffeetasse	

Kartoffelschale	

dickflüssig	

Fleischbällchen	

Salatbesteck	

auslöffeln	

Nudelwasser	

überlaufen	

Woran erkenne ich Zusammensetzungen?

Zusammensetzungen können mit Wörtern der gleichen Wortart oder mit Wörtern aus unterschiedlichen Wortarten gebildet werden.

› Ich verbinde die Wörter zu möglichst vielen zusammengesetzten Wörtern.

süß	das Rad	der Teig
schnell	das Wasser	die Bremse
hinter	sauer	das Becken
neben	die Straße	das Schloss
der Kopf	der Takt	hart
auf	der Stein	das Pflaster

› Ich schreibe die zusammengesetzten Wörter auf und kennzeichne die verschiedenen Wortarten:
(A) = Adjektiv (N) = Nomen (P) = Präposition

das Süßwasserbecken (A)(N)(N)

Woran erkenne ich Zusammensetzungen?

Bei zusammengesetzten Wörtern wird das letzte Wort durch vorangestellte Wörter näher beschrieben, erklärt und bestimmt. Es heißt **Grundwort**.

› Ich beantworte die Fragen.

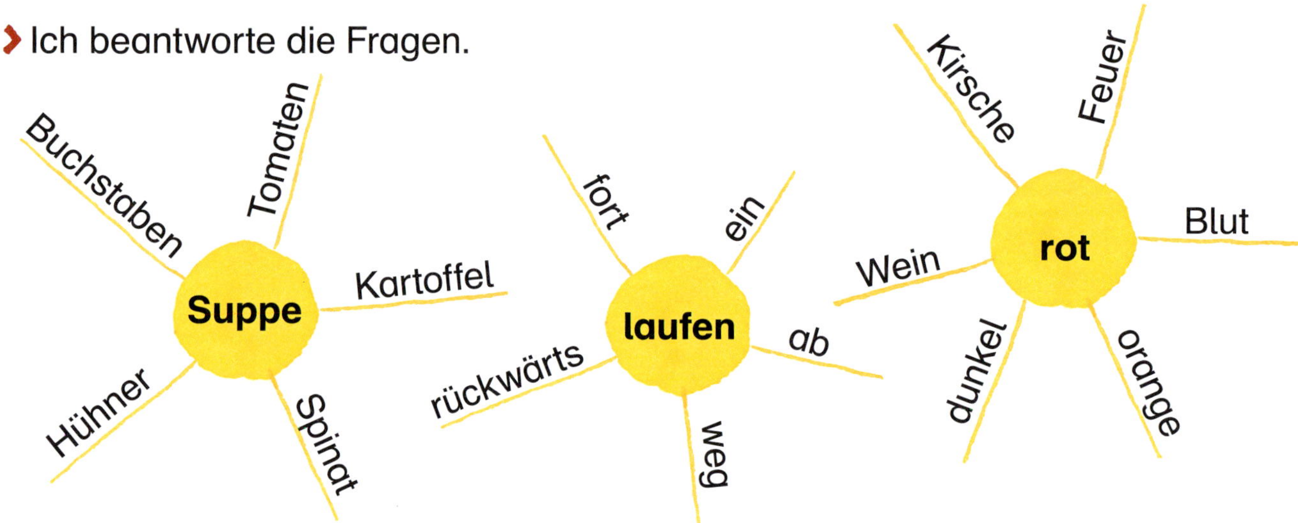

Welche Suppe magst du gar nicht?

____

Was macht ein Pullover, der zu heiß gewaschen wird?

____

Welches Rot kommt oft in einem Krimi vor?

____

› Ich bilde weitere Zusammensetzungen, unterscheide Bestimmungswort und Grundwort und schreibe auf.

Bestimmungswort	Grundwort	Bestimmungswort	Grundwort
Tomaten	suppe		

Woran erkenne ich Zusammensetzungen?

Bei zusammengesetzten Wörtern richtet sich alles nach dem Grundwort.
Es bestimmt die Wortart, den Artikel und die Singular- und Pluralform.

› Ich untersuche jedes Wort und trage die Wortarten ein, aus denen die Wörter bestehen.

N = Nomen V = Verb A = Adjektiv P = Präposition

der Rotwein	= rot	+ der Wein	das Beiboot	= bei	+ das Boot
N	A	N			
weinrot	= der Wein	+ rot	eislaufen	= das Eis	+ laufen
der Langfinger	= lang	+ der Finger	totlachen	= tot	+ lachen
die Topfblume	= der Topf	+ die Blume	nachlaufen	= nach	+ laufen

› Ich verbinde alle Nomen zu einem einzigen langen Wort.
Ich schreibe es mit Artikel im Singular und Plural auf.

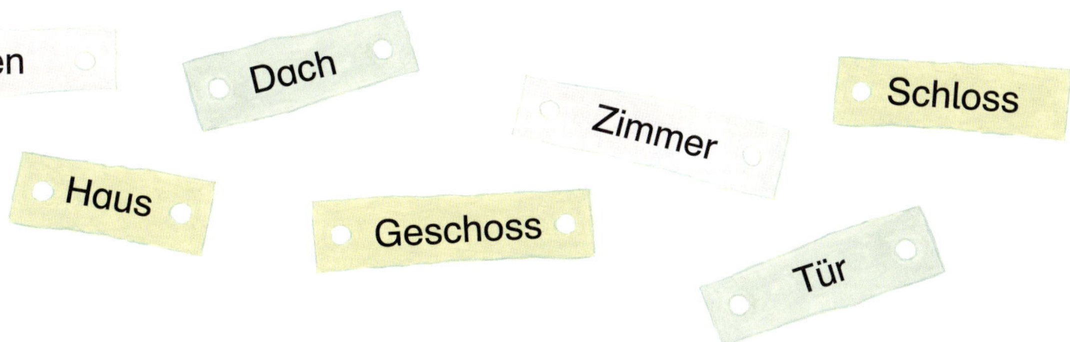

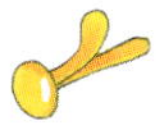

Singular: das ______________________

Plural: ______________________

Woran erkenne ich Zusammensetzungen?

Bei einer Zusammensetzung werden zwischen zwei Wörtern manchmal Buchstaben eingefügt. Man nennt sie **Fugenelemente**.
Fugenelemente sind: **-e-, -n-, -en-, -es-, -s-, -ens-, -er-.**

› Ich markiere in jedem Nomen das Fugenelement.

LIEBESLIEDER ♥ MEERESRAUSCHEN ♥ HERZENSWÜNSCHE ♥ SONNENSCHEIN ♥ KINDERTRÄUME ♥ SCHWANENGESANG

› Ich bilde zusammengesetzte Wörter. Ich untersuche, welche Endungen dabei wegfallen und notiere sie.

segeln ●	○ Flossen	das Segelschiff -n
schwimmen ●	○ Boot	
tauchen ●	● Schiff	
heulen ●	○ Strand	
paddeln ●	○ Übung	
baden ●	○ Boje	

Ich überlege, warum bei Zusammensetzungen manchmal Buchstaben eingefügt werden oder wegfallen.

Wie entstehen Ableitungen?

Manche Wörter in unserer Sprache werden durch Ableitungen von bestehenden Wörtern gebildet. Abgeleitete Wörter erkennt man am gemeinsamen Wortstamm.

› Ich finde den gemeinsamen Wortstamm heraus und markiere ihn.

malen – die Malerei – bemalt – die Bemalung – der Maler – die Malerin – malerisch – unbemalt

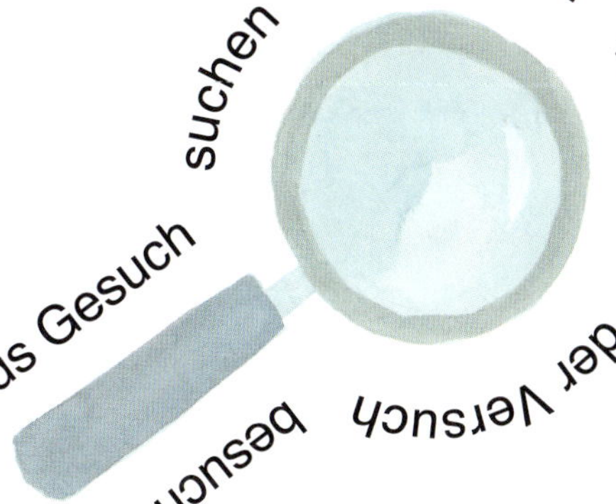

der Besuch – versuchen – der Versuch – besuchen – das Gesuch – suchen

lieben – die Liebe – die Liebschaft – der Liebling – unbeliebt – beliebt – verliebt – lieblich – liebsam

verschönern – beschönigen – der Schönling – die Schöne – unschön – schön – die Schönheit

Wie entstehen Ableitungen?

Abgeleitete Wörter erkenne ich an den Wortbausteinen, die mit dem Wortstamm verbunden sind und nicht alleine stehen können.
Vorangestellte Wortbausteine sind zum Beispiel: **er-, be-, zer-.**
Nachgestellte Wortbausteine sind zum Beispiel: **-nis, -ung, -lich.**

› Ich untersuche die Wörter und markiere die vorangestellten und nachgestellten Wortbausteine in verschiedenen Farben.

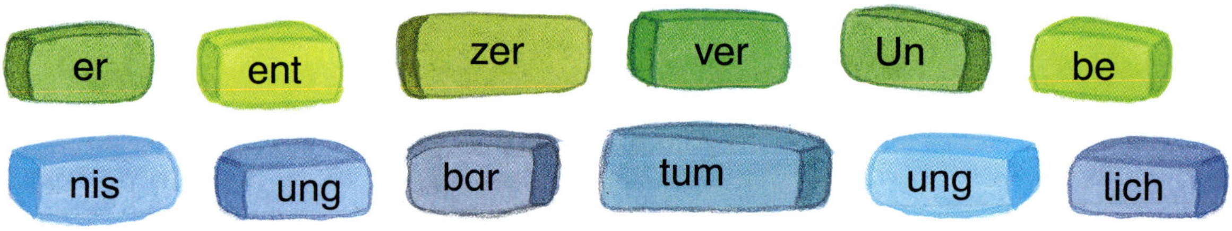

vorangestellte Wortbausteine	nachgestellte Wortbausteine
erleben	Erlebnis
Unglück	unglücklich
enttäuschen	Enttäuschung
zerlegen	zerlegbar
verteidigen	Verteidigung
besitzen	Besitztum

› Ich trenne die nachgestellten Wortbausteine ab und streiche das Wort durch, das nicht dazugehört.

Sparsamkeit Unterhaltung
Bäckerei Verwandtschaft sparsam
Eigentum Gesundheit Zeugnis

fröhlich mürrisch geizig Fröhlichkeit
biegsam lieferbar zahnlos

Ich überlege, an welchen nachgestellten Wortbausteinen ich Nomen und an welchen ich Adjektive erkenne.

Wie entstehen Ableitungen?

Ein abgeleitetes Wort kann ich manchmal auch daran erkennen, dass sich der Vokal im Wortstamm verändert. Dabei ändert sich häufig auch die Wortart.

› Ich markiere den Vokal farbig, der sich im Wortstamm verändert hat, und trage ihn ein.

greifen
der Griff

ei → i

froh
fröhlich

o → ☐

der Traum
träumen

au → ☐

schließen
das Schloss

ie → ☐

genießen
der Genuss
genüsslich

ie → ☐ ☐

graben
die Gräber
die Grube

a → ☐ ☐

sprechen
die Sprache
der Spruch
gesprächig

e → ☐ ☐ ☐

Wie werden Wortkürzungen gebildet?

Bei einer Wortkürzung werden Wortbestandteile weggelassen. Manchmal bleiben nur die Silben eines Wortes oder einzelne Buchstaben stehen.

› Ich untersuche die Wörter, aus denen die Wortkürzungen entstanden sind. Ich markiere die Buchstaben oder Wortteile.

Kita

Deutsches Rotes Kreuz

Schiri

Lastkraftwagen

Personenkraftwagen

KFZ

MwSt.

EU

Europäische Union

Bundesgartenschau

WLAN

Kraftfahrzeug

Deutscher Fußballbund

Lkw

SMS

Kindertagesstätte

Schiedsrichter

BUGA

DRK

Wireless Local Area Network

Pkw

DFB

Short Message Service

Mehrwertsteuer

Wie werden Wortkürzungen gebildet?

Eine Wortkürzung kann aus einem zusammenhängenden Teil des Wortes entstehen. Es gibt auch eine Mischform aus Buchstaben und Wortteilen.

› Ich untersuche die Wörter, färbe die Kürzung ein und kreuze an.

Wortkürzung	Wort	zusammen-hängender Teil	Mischform
O-Saft	Orangensaft 		X
Demo	Demonstration		
Uni	Universität		
Dino 	Dinosaurier		
Info	Information		
Ü-Wagen	Übertragungswagen		
EUR	Euro 		
Navi	Navigationssystem		
Abo	Abonnement		
Kilo	Kilogramm 		
U-Bahn	Untergrundbahn		

› Ich erfinde eigene Wortkürzungen und schreibe sie auf.

Wortkürzung	Wort

Sätze untersuchen

Sätze bestehen aus einzelnen Wörtern. Damit ich einen Satz verstehen kann, muss ich ihn nach bestimmten Regeln zusammenbauen.

Woraus besteht ein Satz?

Ein Satz besteht aus verschiedenen Satzgliedern und einem Prädikat. Satzglieder sind Wörter oder Wortgruppen, die ich umstellen kann, ohne dass sich der Sinn des Satzes verändert.

Adil malt einen Baum.
Einen Baum malt Adil.

Was ist ein Prädikat?

Das Prädikat ist der wichtigste Teil im Satz, weil ich mit ihm nach allen Satzgliedern frage.

Ich erkenne das Prädikat daran, dass es immer mit einem Verb gebildet wird.

Wer?
↑
liest
↙ ↓ ↘
Was? Wann? Wo?

Adil **liest** gerne Bücher.

Was ist ein Subjekt?

Das Subjekt ist ein Satzglied. Zusammen mit dem Prädikat kann ich damit einen vollständigen Satz bilden.

Der Junge liest.
Das Buch ist dick.

Nach dem Subjekt frage ich mit den Fragewörtern Wer? oder Was?.

Wer liest? **der Junge**
Was ist dick? **das Buch**

Was ist ein Objekt?

Ein Objekt ist ein Satzglied. Es ergänzt das Subjekt und das Prädikat. Mit ihm kann ich einen Satz vervollständigen oder verlängern.

Ich verschenke **ein Buch.**
Ich singe **ein Lied.**

Ich erkenne, dass es verschiedene Objekte gibt. Ich frage nach ihnen zusammen mit dem Prädikat und verschiedenen Fragewörtern: Wem? Wen? oder Was?

Sofia schreibt **ihrem Freund einen Brief.**

Sofia
↓
schreibt
↙ ↘
Wem? **Wen?** oder **Was?**

Was ist eine adverbiale Bestimmung?

Die adverbiale Bestimmung ist ein Satzglied. Mit ihr erweitere ich einen Satz mit Angaben über Zeit, Ort, einen Grund oder die Art und Weise.

Ella liest **abends auf ihrem Teppich aus Spaß im Liegen.**

Ich frage nach adverbialen Bestimmungen zusammen mit dem Prädikat und verschiedenen Fragewörtern: Wann? Wo? Warum? Wie?

Ella
↓
liest
↙ ↙ ↘ ↘
Wann? **Wo?** **Warum?** **Wie?**

Woraus besteht ein Satz?

Ein Satz wird nach bestimmten Regeln gebildet. Die Bausteine, aus denen ein Satz besteht, heißen Satzglieder. Ein Satzglied kann ein einzelnes Wort oder eine Gruppe von Wörtern sein.

› Ich finde die Satzglieder heraus, indem ich ein Wort oder eine Wortgruppe so umstelle, dass es ein sinnvoller Satz bleibt.

Mika	angelt	seiner Mutter	frische Fische	.
Seiner Mutter				.
				.
				?

Ich überlege, ob die Umstellung der Satzglieder auf den Leser eine unterschiedliche Wirkung hat.

› Ich bilde einen Satz. Ich kreise die Satzglieder ein und überprüfe mit der Umstellprobe.

die   Mikas   brät   Mutter   Fische   frischen

____

____

____

____

Was ist ein Prädikat?

Das Prädikat ist der wichtigste Teil im Satz. Mit ihm kann ich nach allen Satzgliedern fragen. Dafür verwende ich die Fragewörter **Wer?** oder **Was?, Wessen?, Wem?, Wen?** oder **Was?, Wann?, Wo?, Wohin?, Warum?, Wie?.**

› Ich schaue mir die Bilder genau an, stelle Fragen, wer was tut, und beantworte sie.

Wer? oder Was?

liegt

rennt

schiebt

schleppt

sitzt

ziehen

Wem?
Wen? oder Was?
Wessen?
Wo?
Warum?
Wohin?
Wie?

Wer schleppt die Puppe? Das Mädchen schleppt die Puppe.

Was ist ein Prädikat?

Ich erkenne das Prädikat in einem Satz daran, dass es immer mit einem Verb gebildet wird. Mit dem Prädikat drücke ich aus, was jemand tut oder was geschieht.

› Ich suche in jedem Satz das Prädikat und markiere es. Ich schreibe die Grundform des Verbs auf.

Zoes Oma sitzt am Schreibtisch.	sitzen
Sie arbeitet konzentriert.	____________
Zoe schleicht aus dem Haus.	____________
Es scheppert im Keller.	____________
Oma stört nicht einmal das Geräusch.	____________
Da steht Zoe hinter ihr.	____________
Sie zeigt ihrer Oma ein Video auf dem Handy.	____________
Darauf sieht Oma entsetzt einen Film über Zoes Einbruch ins Haus durch das Kellerfenster.	____________

› Ich schreibe auf, was ich am Schreibtisch mache.
Ich schreibe auf, was mein Freund am Schreibtisch macht.

Ich Ich male.	Er

Was ist ein Prädikat?

Ein Prädikat kann aus nur einem Wort oder aus mehreren Teilen bestehen. Das mehrteilige Prädikat wird verschieden verwendet.

› Ich suche in jedem Satz die zwei Teile des Prädikats und verbinde sie mit einer Klammer.

Im Perfekt

Mia springt gerade vom Beckenrand ins Wasser.

Sie ist davor vom Einer gesprungen.

Sie ist sogar schon vom Fünfer gesprungen.

Ist sie eigentlich schon vom Zehner gesprungen?

Im Futur

Julius streicht den Gartenzaun.

Er wird heute nur einen Teil streichen.

Er wird morgen wieder streichen.

Wird er den Zaun alleine streichen?

Zusammen mit Verben wie: müssen, dürfen, können, mögen, sollen, wollen

Die Zuschauer pfeifen vor dem Spiel.

Der Schiri soll endlich pfeifen.

Er darf nicht falsch pfeifen.

Kann er eigentlich auch ein Lied pfeifen?

Was ist ein Prädikat?

Ein mehrteiliges Prädikat kann entstehen, wenn man trennbare Verben verwendet.
Der vorangestellte Wortbaustein des Verbs rückt dann an das Ende des Satzes.

› Ich markiere bei allen zusammengesetzten Verben die vorangestellten Wortbausteine und ergänze das Prädikat.

abschicken | zusammentragen
anmelden | vorstellen | festhalten
auswählen | vorbereiten | abwarten

Die Klasse 3a meldet sich zu einem Mathewettbewerb an.

Die Kinder ______ gemeinsam ein Thema ______.

In Gruppen ______ sie es ______.

Anschließend ______ jede Gruppe ihr Ergebnis ______.

Die Gruppensprecher ______ die Ergebnisse ______.

Sie ______ diese auf einem Plakat ______.

Die Schulsekretärin ______ es ______.

Gespannt ______ alle das Ergebnis ______.

Was ist ein Subjekt?

Das Subjekt ist ein Satzglied, mit dem ich ausdrücke, **Wer?** oder **Was?** etwas tut. Subjekt und Prädikat können zusammen einen vollständigen Satz bilden. Sie müssen in Inhalt und Form zusammenpassen.

› Ich achte darauf, ob Subjekt und Prädikat in Inhalt und Form zusammenpassen. Ich kreuze an und korrigiere.

	☺	☹			
Der Wind wehen.	☐	☒	Der Wind	weht	.
Die Zweige knackt.	☐	☐			.
Es regnet.	☐	☐			.
Die Nüsse ziehen.	☐	☐			.
Der Bach rauscht.	☐	☐			.
Der Igel rascheln.	☐	☐			.
Der Mond ruft.	☐	☐			.
Das Käuzchen leuchtet.	☐	☐			.
Die Wolken fallen.	☐	☐			.

Was ist ein Subjekt?

Das Subjekt ist ein Satzglied, das im **Nominativ** (1. Fall) verwendet wird.
Nach ihm frage ich mit den Fragewörtern **Wer?** oder **Was?**.

› Ich lese die Sätze, beantworte die Fragen nach dem Subjekt und markiere es.

Schmetterlinge sind in zwei Gruppen eingeteilt.
Wer? oder **Was?** ist in zwei Gruppen eingeteilt?

Sie heißen Tagfalter und Nachtfalter.
Wer? oder **Was?** heißt Tagfalter und Nachtfalter?

Die Tagfalter sind am Tag aktiv.
Wer? oder **Was?** ist am Tag aktiv?

Die Nachtfalter sind nachts aktiv.
Wer? oder **Was?** ist nachts aktiv?

Viele haben tolle Namen.
Wer? oder **Was?** hat tolle Namen?

Kleiner Fuchs, Tagpfauenauge und Kohlweißling gehören zu den Tagfaltern.
Wer? oder **Was?** gehört zu den Tagfaltern?

Mit **Wer?** frage ich nach Personen. Ich kann damit aber auch nach Tieren fragen.

› Ich frage nach dem Subjekt und finde heraus, wann ich mit **Wer?** oder mit **Was?** frage. Ich trage das passende Fragewort ein.

Wer? oder **Was?** steht im Schmetterlingshaus?

große Pflanzen	____	Wer?	eine Lehrerin
ein Brunnen	____	____	eine Schautafel
viele Besucher	____	____	die Kinder

Was ist ein Objekt?

Das Objekt ist ein Satzglied. Manchmal ist ein Objekt notwendig, weil Subjekt und Prädikat alleine noch keinen vollständigen Satz bilden. Ich kann mit Objekten auch Subjekt und Prädikat durch weitere Auskünfte ergänzen.

› Ich überlege, welches Subjekt und Prädikat unbedingt eine Ergänzung braucht. Diese Sätze schreibe ich auf.

den Zoo

Futter für die Tiere

Im Zoo

Jim und Ilias besuchen
Sie besorgen
Zuerst suchen sie
Sie füttern
Die Affen freuen sich
Zwei Affen streiten sich
Jim und Ilias filmen

das Affenhaus

um das Futter

die Affen

über ihr Lieblingsfutter

mit dem Handy

Jim und Ilias ________________________________

____

____

____

____

Was ist ein Objekt?

Subjekt und Prädikat kann ich mit einem Akkusativobjekt ergänzen. Das Akkusativobjekt ist eine Satzergänzung, die im **Akkusativ** (4. Fall) verwendet wird. Nach ihr frage ich mit den Fragewörtern **Wen?** oder **Was?**

› Ich frage nach dem Akkusativobjekt und markiere es.

Spinnen faszinieren den Naturforscher.
Spinnen faszinieren die Biologin.
Spinnen faszinieren das Kätzchen.

Die Spinne frisst einen Käfer.
Die Spinne frisst eine Fliege.
Die Spinne frisst ein Insekt.

Spinnen wickeln ihren Fang ein.
Spinnen wickeln ihre Beute ein.
Spinnen wickeln ihr Opfer ein.

Ich schaue mir genau an, wie sich Artikel und Pronomen im 4. Fall verändern.

› Ich frage nach dem Akkusativobjekt und überlege, ob ich mit **Wen?** oder **Was?** frage. Ich trage das passende Fragewort ein.

Wen? oder **Was?** mag ich?

Kreuzspinnen ______
Spinner ______
ihre Netze ______
Wen? Naturschützer
______ unseren Garten
______ die Natur

Was ist ein Objekt?

Subjekt und Prädikat kann ich mit einem Dativobjekt ergänzen.
Das Dativobjekt ist eine Satzergänzung, die im **Dativ** (3. Fall) verwendet wird.
Ich frage nach ihm mit **Wem?**.

› Ich frage nach dem Dativobjekt und markiere es.

Das Tragen fällt dem alten Esel schwer.
Das Fliegen fällt der alten Gans schwer.
Das Gehen fällt dem alten Schaf schwer.

Das Tragen fällt einem alten Esel schwer.
Das Fliegen fällt einer alten Gans schwer.
Das Gehen fällt einem alten Schaf schwer.

Der Bauer sagt:
Meinem alten Esel fällt das Tragen schwer.
Meiner alten Gans fällt das Fliegen schwer.
Meinem alten Schaf fällt das Gehen schwer.

Ich schaue mir genau an, wie sich Artikel und Pronomen im 3. Fall verändern.

Was ist ein Objekt?

Das Akkusativobjekt und das Dativobjekt stehen oft gemeinsam in einem Satz.

› Ich bilde mit den Satzbausteinen aus der Sammlung Sätze und trage sie in die Satzbaupläne ein.

Prädikat	Dativobjekt	Akkusativobjekt
~~leiht~~	ihrer Freundin	ein Schlaflied
schreibt	dem Fußballverein	~~die Gartenschere~~
backt	allen	eine Wollmütze
häkelt	~~dem Nachbarn~~	einen Beschwerdebrief
singt	ihrem Enkel	viele kleine Kekse
simst	dem Baby	neue Bälle
spendet	dem Bürgermeister	eine Nachricht

Oma	leiht	dem Nachbarn	die Gartenschere.
Oma			.
Oma			.
Oma			.
Oma			.
Oma			.
Oma			.

Was ist eine adverbiale Bestimmung?

Die adverbiale Bestimmung ist ein Satzglied. Mit ihr kann ich einen Satz unendlich erweitern, indem ich Angaben über **Zeit, Ort, Grund** oder die **Art und Weise,** wie etwas geschieht, ergänze.

› Ich lese den Satz. Ich unterscheide die Angaben über Zeit, Ort, Grund und die Art und Weise und ordne zu.

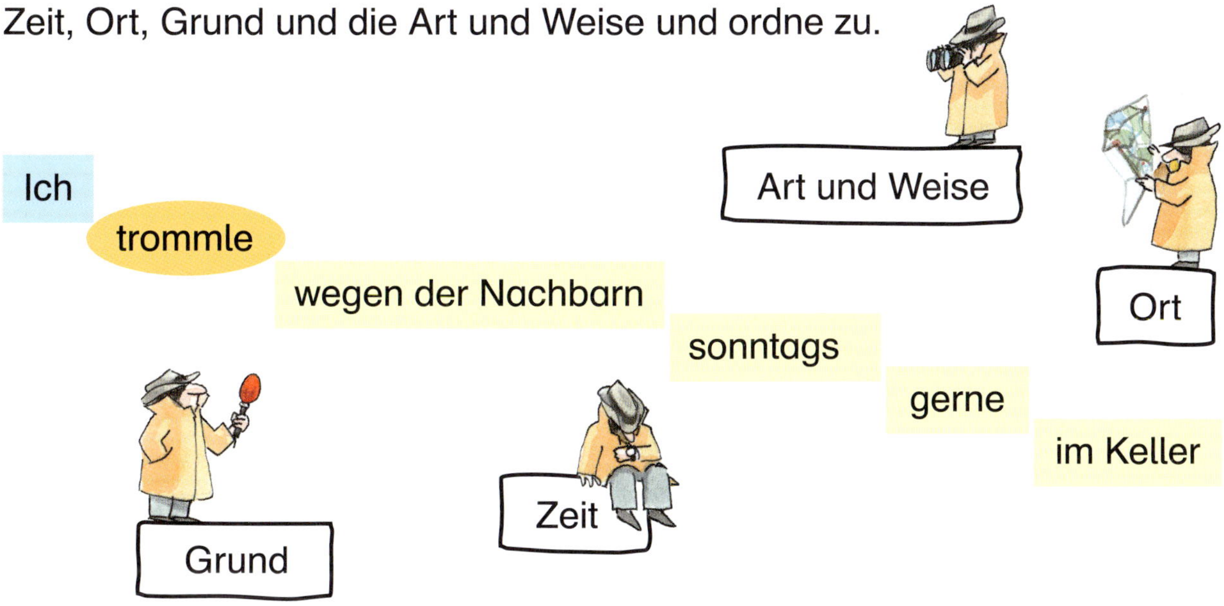

› Ich probiere aus, wie viele verschiedene Sätze ich bilden kann, indem ich adverbiale Bestimmungen umstelle oder weglasse.

Ich trommle ______________________________

____

____

____

____

____

____

Was ist eine adverbiale Bestimmung?

Nach adverbialen Bestimmungen frage ich mit bestimmten Fragewörtern.

› Ich stelle die passenden Fragen und beantworte sie.

Bruno klingelt an der Tür. Er kommt aus der Schule.
Er fährt in die Sporthalle.

Wo? Wo klingelt Bruno? ____ An der Tür. ____

Woher? ____________ ____________

Wohin? ____________ ____________

Mit diesen Fragewörtern frage ich nach ____________

Er trainiert nachmittags. Er trainiert zweimal die Woche.
Das Training dauert 50 Minuten.

Wann? ____________ ____________

Wie oft? ____________ ____________

Wie lange? ____________ ____________

Mit diesen Fragewörtern frage ich nach ____________

Er schwimmt in der Staffel wegen seiner Freunde.

Warum? ____________ ____________

Mit diesem Fragewort frage ich nach ____________

Manchmal trainiert er mit einem Styroporbrett.

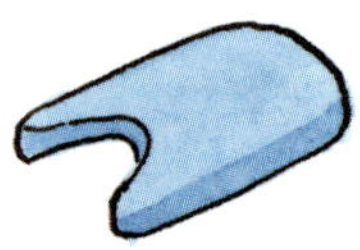

Wie? ____________ ____________

Mit diesem Fragewort frage ich nach ____________

Was ist eine adverbiale Bestimmung?

Adverbiale Bestimmungen kann ich in einem Satz unterschiedlich anordnen.

› Ich schaue mir das Bild genau an und versuche alle Fragen in einem Satz zu beantworten. Ich schreibe meinen Satz immer wieder anders auf. Die Satzbausteine helfen mir dabei.

Wer ist auf dem Bild zu sehen?
Was macht diese Person?
Wo geschieht das?
Warum geschieht das?
Wann geschieht das?
Wie geschieht das?

Mein Satz:

Ein Chinese ______________________________.

______________________________.

[ ] ( ) Zeit | Art und Weise | Grund | Ort

______________________________.

Zeit | ( ) | [ ] | Grund | Art und Weise | Ort

______________________________.

Grund | ( ) | Art und Weise | [ ] | Zeit | Ort

______________________________.

Art und Weise | ( ) | Grund | Zeit | [ ] | Ort

Satzarten unterscheiden

Es gibt verschiedene Arten von Sätzen. Je nachdem, ob ich etwas erzählen, mitteilen, fragen oder jemanden um etwas bitten will, wähle ich eine bestimmte Satzart. Die Unterschiede muss ich kennen.

Was drücke ich mit einem Aussagesatz aus?

Mit einem Aussagesatz kann ich etwas aussagen, mitteilen oder feststellen. Hinter einen Aussagesatz setze ich einen Punkt.

Nic interessiert sich für eine Fußball-App**.**

Ich stelle fest, dass im Aussagesatz das Prädikat immer an der zweiten Satzgliedstelle steht.

Er **wählt** eine App aus. Ganz schnell **lädt** er sie herunter.

Was drücke ich mit einem Fragesatz aus?

Mit dem Fragesatz kann ich etwas erfragen, was ich nicht weiß. Hinter den Fragesatz setze ich ein Fragezeichen.

Manche Fragen leite ich mit einem Fragewort ein. Mit dem Fragewort frage ich nach Personen, Sachen, dem Ort, der Zeit, dem Grund und der Art und Weise.

Wer? Was? Wo?
Wann? Warum? Wie?

Wie lade ich die App herunter**?**

Manche Fragen eröffne ich mit einem Prädikat.

Ist die App kostenlos?
Kostet die App viel Geld?

Was drücke ich mit einem Aufforderungssatz aus?

Mit einem Aufforderungssatz spreche ich Personen direkt an. Ich kann damit Aufforderungen und Wünsche äußern oder Befehle geben. Hinter einen Aufforderungssatz setze ich ein Ausrufezeichen oder einen Punkt.

Informiere dich vor dem Kauf**.**
Mach ja langsam**!**

In Aufforderungssätzen verwende ich die Befehlsform des Verbs. Sie steht am Anfang des Satzes.

Zeig mir deine App!
Öffne sie bitte mal für mich.

Was drücke ich mit einem Ausrufesatz aus?

Einen Ausrufesatz verwende ich für Ausrufe. Er endet immer mit einem Ausrufezeichen.

Interessant**!**

Ich kann Sätze zu einem Ausruf machen, je nachdem, wie ich sie spreche oder wie ich sie mit kleinen Wörtern verstärke.

ja, aber, vielleicht, so, wirklich

Die ist **ja** sogar kostenlos!
Ist die **aber** klasse!

Was drücke ich mit einem Aussagesatz aus?

Ein Aussagesatz ist die Satzart, die in unserer Sprache am häufigsten vorkommt.
Ich kann damit etwas aussagen, etwas mitteilen oder etwas feststellen.
Als Satzschlusszeichen steht beim Aussagesatz ein Punkt.

› Ich lese den Text und überlege, wo die Sätze enden. Ich setze einen Punkt und korrigiere den darauffolgenden kleinen Buchstaben. Dann kann ich leicht verstehen, was der Text aussagt.

Haustiere brauchen Zuwendung und Pflege. mein Haustier versorge ich gut oft streichle ich es vorsichtig gestern schnurrte es sogar beim Spielen spüre ich manchmal seine Krallen

5 Sätze

Nach einem Punkt schreibe ich groß!

6 Sätze

Manche Haustiere brauchen wenig Platz sie machen auch tagsüber keinen Lärm solche Haustiere habe ich richtig kuscheln kann ich nicht mit ihnen das ist schade gestern Abend habe ich sie lange in ihrem Aquarium beobachtet

Einige Haustiere brauchen viel Auslauf ich gehe mit meinem jeden Tag spazieren außerdem kann es durch unseren Garten toben dort können wir auch zusammen Fußball spielen

4 Sätze

Was drücke ich mit einem Aussagesatz aus?

Im Aussagesatz steht das Prädikat immer an der zweiten Satzgliedstelle. An erster Stelle können verschiedene Satzglieder stehen.

› Ich kreise in jedem Satz das Prädikat ein. Das Satzglied, das vor dem Prädikat steht, markiere ich in der passenden Farbe:

Subjekt | Objekt | adverbiale Bestimmung

Wolken unterscheiden sich.

Tiefe Wolken bilden oft eine graue Schicht.

Oft bringen sie Regen.

Hoch am Himmel sieht man die Federwolken.

Dicke, weiße Haufenwolken liegen dazwischen.

Durch starken Wind entstehen großartige Formen.

Wilde Tiere treibt der Wind dann über den Himmel.

Den Tieren geben wir Namen.

Früher oder später verschwinden sie.

› Ich stelle den Satz so oft wie möglich um und kreuze an, wer in diesem Satz den Platz wechseln kann.

- [x] Malte und Hanna
- [ ] drucken
- [ ] seit Stunden
- [ ] begeistert
- [ ] aus dem Internet
- [ ] interessante Informationen
- [ ] wegen der Präsentation über Wolken
- [ ] aus.

Was drücke ich mit einem Fragesatz aus?

Mit dem Fragesatz kann ich etwas erfragen, was ich noch nicht weiß.
Als Satzschlusszeichen verwende ich das Fragezeichen.

› Ich suche die passenden Fragen zu den Antworten und schreibe sie auf. Ich achte dabei auf das Satzschlusszeichen.

Welchen Beruf haben Sie?

Mein Beruf ist Tierpfleger.

Ich versorge zwanzig Tiere.

Ich füttere am liebsten die Robben.

Die Robben bekommen drei Mahlzeiten am Tag.

Ich füttere die Robben mit Heringen.

Ich werfe den Robben den Fisch mit Schwung zu.

Mir gefällt an den Robben, dass sie so tolle Kunststücke machen können.

Was drücke ich mit einem Fragesatz aus?

Fragen kann ich auf verschiedene Weise stellen. Manche leite ich mit einem Fragewort ein und andere mit einem Verb.

› Ich erkenne, wie sich die Fragen unterscheiden. Ich markiere sie in der passenden Farbe.

Wer geht heute mit ins Kino?

Kommst du mit?

Welcher Film läuft denn?

Das soll ein guter Film sein?

Wann fängt der Film an?

Holst du mich vor dem Kino ab?

Habt ihr schon Karten besorgt?

Wer spielt mit?

Wie lange dauert der Film?

Kaufen wir uns vorher Popcorn?

Gibt es dort Rollstuhlplätze?

Gehen wir zur Nachmittags-vorstellung?

Warum hast du diesen Film ausgesucht?

Darf ich meine Schwester mitnehmen?

Versorgt uns das Kino mit 3-D-Brillen?

Ist es ein 3-D-Film?

Fahren wir mit dem Bus?

Wo wird der Film gezeigt?

Was drücke ich mit einem Fragesatz aus?

Im Fragesatz verändert sich die Stellung des Prädikats, je nachdem, wie ich frage.

› Ich markiere in jeder Frage das Prädikat.

Wer fährt mit?	Fährt jemand mit?
Wen sollen wir noch anrufen?	Sollen wir noch jemanden anrufen?
Womit fahren wir?	Fahren wir mit dem Schiff?
Wohin fährt das Schiff?	Fährt das Schiff bis Hamburg?
Wie lange braucht das Schiff?	Braucht das Schiff lange?
Wer kauft die Schiffskarten?	Kauft einer die Schiffskarten?
Wer bezahlt sie?	Bezahlt sie jemand?
Welches Schiff fährt?	Fährt das große Schiff?
Wo starten wir?	Starten wir am großen Anleger?
Wann legt das Schiff ab?	Legt das Schiff gleich ab?
Wie viele Passagiere nimmt es mit?	Nimmt es viele Passagiere mit?
Was gibt es dort am Kiosk?	Gibt es dort etwas am Kiosk?
Wieso nehmen wir kein Lunchpaket mit?	Nehmen wir kein Lunchpaket mit?
Wann kommen wir genau an?	Kommen wir erst am Abend an?

Seite 108–111

Ich probiere aus, ob sich die Art der Frage auf die Antwort auswirkt.

Was drücke ich mit einem Aufforderungssatz aus?

Mit einem Aufforderungssatz kann ich jemanden auffordern, etwas zu tun, oder Wünsche äußern. Dafür verwende ich als Satzschlusszeichen meistens einen Punkt. Ein Ausrufezeichen setze ich, wenn ich etwas sehr bestimmt ausdrücke.

› Ich lese die Aufforderungssätze laut, kreuze an und setze das passende Satzschlusszeichen.

	Aufforderung oder Wunsch	Befehl
Holt bitte einen Einkaufswagen.	☒	☐
Rennt nicht rum mit dem Einkaufswagen	☐	☐
Passt doch auf	☐	☐
Bleibt stehen	☐	☐
Lasst die Eier nicht fallen	☐	☐
Legt den Eierkarton vorsichtig in den Wagen	☐	☐
Lasst mich bitte in Ruhe einkaufen	☐	☐
Fasst nicht alles an	☐	☐
Kaufe bitte noch eine Pizza für uns	☐	☐
Sucht euch eine aus	☐	☐
Kommt endlich	☐	☐
Geht schon mal an die Kasse	☐	☐
Legt bitte die Waren einfach aufs Band	☐	☐
Schmuggelt ja nichts anderes dazu	☐	☐

Was drücke ich mit einem Aufforderungssatz aus?

Für Aufforderungssätze verwende ich die Befehlsform des Verbs, auch wenn es gar keine Befehle sind.

› Ich bilde Aufforderungssätze und trage sie in die Satzmuster ein.

1. eine leere Glasflasche | in das Gefrierfach | stellen
2. sie | aus dem Gefrierfach | holen | nach zwei Stunden
3. ziehen | über die Flaschenöffnung | einen Luftballon
4. im Wasserbad | erwärmen | die Flasche
5. beobachten | den Luftballon

Stelle	eine leere Glasflasche	in das Gefrierfach	.
			.
			.
			.
		.	

Was passiert?

Ich überlege mir, in welchen Textsorten Aufforderungssätze verwendet werden.

Was drücke ich mit einem Ausrufesatz aus?

Mit einem Ausrufesatz kann ich starke Gefühle ausdrücken wie Bewunderung, Verwunderung oder Aufregung. Als Satzschlusszeichen verwende ich das Ausrufezeichen.

› Ich denke mir zu der Geschichte passende Ausrufesätze aus. Ich versuche, die Ausrufe mit kleinen Wörtern zu verstärken, wie **ja, aber, vielleicht, so, wirklich.**

Sind die vielleicht schnell!

Die Kinder stehen auf den Startblöcken.
Der Schiedsrichter gibt das Startsignal.
Paula und Seref übernehmen die Führung.
Sie kämpfen um jeden Zentimeter.
Seref schlägt als Erster an.
Bruno schlägt mit großem Abstand an.

Sätze verbinden

Sätze können miteinander verbunden werden. Ich kann zwei oder mehrere Hauptsätze miteinander verbinden oder einen Hauptsatz durch einen Nebensatz ergänzen. Dafür muss ich Hauptsatz und Nebensatz unterscheiden können.

Wie unterscheide ich Haupt- und Nebensatz?

Ich erkenne einen Hauptsatz daran, dass er für sich alleine stehen kann.

Clara wartet.
Wartet Clara?
Warte, Clara!
Clara wartet an der Haustür.
Clara wartet an der Haustür auf Cem.

Ich erkenne einen Nebensatz daran, dass er nicht für sich alleine stehen kann. Erst mit dem Hauptsatz zusammen, ergibt er einen Sinn.

… weil er sich verspätet hat.
Clara wartet auf Cem, **weil er sich verspätet hat.**

Wie verbinde ich Hauptsätze?

Ich verbinde Hauptsätze mit einem Komma.

Clara wartet, Cem hat sich verspätet.

Ich kann Hauptsätze durch die Bindewörter **und** und **oder** miteinander verbinden.

Clara wartet **und** Cem hat sich verspätet.
Hat sich Cem verspätet **oder** hat er das Date vergessen?

ab Seite 114

Wie verknüpfe ich Haupt- und Nebensatz?

Hauptsatz und Nebensatz kann ich mit verschiedenen Bindewörtern verknüpfen.

seit, als, nachdem,
während, weil, da, obwohl,
auch wenn, dass …

Clara wundert sich,
weil Cem nicht kommt.

Je nachdem durch welches Bindewort ein Nebensatz eingeleitet wird, ändert sich der Inhalt des ganzen Satzes.

Clara wundert sich, **wo** Cem nur bleibt.
Clara wundert sich, **als** Cem nicht kommt.
Clara wundert sich, **da** Cem nicht kommt.
Clara wundert sich, **dass** Cem nicht kommt.

Wo kann der Nebensatz stehen?

Der Nebensatz kann dem Hauptsatz nachgestellt, vorangestellt oder in ihn eingeschoben sein.

Clara wartet auf Cem,
weil sie ein Date mit ihm hat.
Weil Clara ein Date mit Cem hat,
wartet sie auf ihn.
Clara wartet, **weil sie ein Date**
mit ihm hat, auf Cem.

Wie unterscheide ich Haupt- und Nebensatz?

Ein Hauptsatz kann für sich alleine stehen. Er braucht dafür mindestens ein Subjekt und ein Prädikat. Ein Nebensatz kann nicht für sich alleine stehen.

› Ich unterscheide die Sätze, die alleine und die nicht alleine stehen können. Ich markiere sie in der passenden Farbe.

Ronja liegt im Bett

weil sie Fieber hat

während sie zu Hause bleiben muss

Ronjas Bruder geht schwimmen

Oma kommt sofort

obwohl sie eigentlich keine Zeit hat

wenn Ronja krank ist

dass sie nicht alleine ist

Oma macht ihr Wadenwickel

Oma kommt immer

damit das Fieber sinkt

Mieze legt sich auf Ronjas Bett

als Oma später nach Ronja schaut

Ronja freut sich

Mieze und Ronja schlafen

Hauptsätze können für sich alleine stehen. Aber gibt es dann auch automatisch eine sinnvolle Geschichte?

auch wenn sie das eigentlich nicht darf

Wie unterscheide ich Haupt- und Nebensatz?

Ein Nebensatz ergibt erst einen Sinn, wenn er mit einem Hauptsatz verknüpft ist.

› Ich verknüpfe Haupt- und Nebensätze, sodass sie zusammen einen Sinn ergeben.

Sofia sitzt immer noch an ihren Hausaufgaben,	wann der nächste Bus fährt.
Sie hat zuerst lange mit ihrer Freundin telefoniert,	nachdem sie die Hausaufgaben erledigt hat.
Sie muss heute noch zum Handballtraining,	damit sie den Bus nicht verpasst.
Sie will aber erst zum Training,	obwohl sie gar nicht viel auf hat.
Schnell schaut sie auf dem Busfahrplan nach,	bevor sie überhaupt mit den Aufgaben angefangen hat.
Sie zieht schon ihren Trainingsanzug an,	dass alles noch geklappt hat.
Jetzt beeilt sie sich,	während sie noch die 12er-Reihe übt.
Sie freut sich,	weil ihre Mannschaft morgen ein wichtiges Spiel hat.

Wie verbinde ich Hauptsätze?

Ich kann zwei Hauptsätze miteinander verbinden, indem ich zwischen beide ein Komma setze.

› Ich überlege, welche Hauptsätze zusammenpassen, und färbe zusammengehörende Kärtchen in der gleichen Farbe ein.

Astrid Lindgren hat viele Kinderbücher geschrieben.

Er hat den Nobelpreis gestiftet.

Albert Einstein war ein berühmter Mathematiker.

Columbus hat Amerika entdeckt.

Er streckt auf einem Bild die Zunge heraus.

Jacob und Wilhelm Grimm haben viele Märchen geschrieben.

Er war ein berühmter Dichter.

Sie waren Brüder.

Alfred Nobel war ein großer Erfinder.

Sie ist eine berühmte Autorin.

Max und Moritz wurden von Wilhelm Busch erfunden.

Das war ein Zufall.

Wie verbinde ich Hauptsätze?

Ich kann zwei Hauptsätze miteinander verbinden, indem ich zwischen beide ein Bindewort setze. Die Bindewörter **und** und **oder** ersetzen das Komma.

› Ich überlege, welches Bindewort passt, und markiere es.

Celia geht zu Fuß zur Schule	und / ==oder==	sie nimmt das Fahrrad.
Jason kommt früh in die Schule	und / oder	er versorgt dann das Aquarium.
Mina gießt die Blumen	und / oder	ihre Freundin hilft ihr.
Nele arbeitet morgens in der Matheecke	und / oder	sie geht in das Musikzimmer.
Paul isst in der Mensa	und / oder	er geht nach Hause.
Igor denkt sich Knobelaufgaben aus	und / oder	er verteilt sie überall in der Klasse.

Wie verknüpfe ich Haupt- und Nebensatz?

Ich kann einen Hauptsatz und einen Nebensatz mithilfe von Bindewörtern verknüpfen. Sie leiten den Nebensatz ein. Zwischen Haupt- und Nebensatz setze ich ein Komma.

› Ich markiere das Bindewort, das den Nebensatz einleitet, und setze das Komma.

Die Fliege stört mich, seit ich mich ins Bett gelegt habe.

Sie nervt weil sie mich immerzu kitzelt und ablenkt.

Ich hole eine Fliegenklatsche obwohl ich eine Tierfreundin bin.

Ich muss sie einsetzen damit ich dieses nervige Tier endlich loswerde.

Ich hoffe dass ich sie nun erwische.

Mein Bruder kommt ins Zimmer während ich aushole.

„Fliegen sind auch Lebewesen!“, brüllt er.

Wie verknüpfe ich Haupt- und Nebensatz?

Derselbe Satz kann allein durch die Verwendung unterschiedlicher Bindewörter eine andere Bedeutung erhalten.

› Ich wähle aus jeder Gruppe ein Bindewort aus und setze es ein.

Bindewörter	Hauptsatz	Nebensatz
seit, als, während, bevor	Tim singt laut,	während seine Schwester telefoniert.
weil, da	Tim singt laut,	_______ seine Schwester telefoniert.
obwohl, auch wenn	Tim singt laut,	_______ seine Schwester telefoniert.
damit, als	Tim singt laut,	_______ seine Schwester aufhört zu telefonieren.

› Ich erweitere den Hauptsatz mit verschiedenen Nebensätzen.

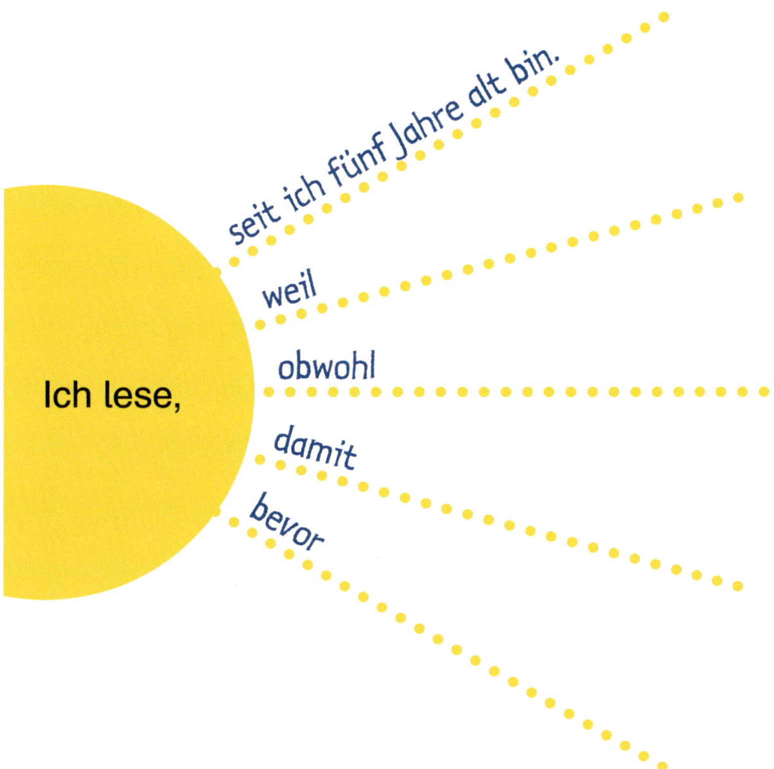

Ich prüfe, wie sich die Bedeutung des Satzes mit der Wahl des Bindewortes verändert.

Wie verknüpfe ich Haupt- und Nebensatz?

Der Dass-Satz besteht aus einem Hauptsatz und aus einem Nebensatz, der mit dem Bindewort **dass** eingeleitet wird.

› Ich führe die Hauptsätze mit dem Bindewort **dass** weiter und ergänze. Dabei setze ich das Komma.

… im Schulorchester eine Trompete fehlt.

… er nun eine Chance bekommt.

… sie laut applaudieren.

… es alle von den Stühlen reißt.

… er schon lange Trompete spielt.

… er toll spielen kann.

… er das schafft.

… er keinen Ton rausbringen wird.

Tim hat gehört, dass im Schulorchester eine Trompete fehlt.

Bisher weiß niemand ______________________.

Er freut sich ______________________.

Er hat aber Angst ______________________.

Doch sein Musiklehrer ist sicher ______________________.

Im Konzert zeigt Tim ______________________.

Die Zuhörer sind so begeistert ______________________.

Vor Freude spielt er so fetzig ______________________.

Wo kann der Nebensatz stehen?

Ich kann Nebensätze an verschiedenen Stellen mit dem Hauptsatz verknüpfen: am Anfang, in der Mitte oder am Ende.

› Ich verschiebe die Nebensätze.

Paolo möchte eine Trommel, seit er bei einem Trommelkurs war.

______________________________, möchte Paolo eine Trommel.

Paolo möchte, ______________________________, eine Trommel.

Seine Eltern sind nicht begeistert, weil sie an den Krach denken.

______________________________, sind seine Eltern nicht begeistert.

Seine Eltern sind, ______________________________, nicht begeistert.

Paolo lässt nicht locker, obwohl er seine Eltern versteht.

______________________________, lässt Paolo nicht locker.

Paolo lässt, ______________________________, nicht locker.

Ich überlege, wie sich die Umstellung des Nebensatzes auf den Leser auswirkt.

Lösungen S. 8–13

Wortarten unterscheiden

Seite 8

Nomen	Lebewesen und Dinge	Nicht-gegen-ständ-liches	Eigen-namen	Sammel-namen

Seite 9

grün markiert: **der/ein** Kater, **der/ein** Hahn, **der/ein** Mann, **der/ein** Lehrer, **der/ein** Bruder

blau markiert: **die/eine** Henne, **die/eine** Katze, **die/eine** Schwester, **die/eine** Frau, **die/eine** Lehrerin

orange markiert: **das/ein** Haus, **die/eine** Wolle, **das/ein** Kind, **der/ein** Korb, **der/ein** Stern, **die/eine** Schule

Ein Hund winselt. Wem gehört **der** Hund? **Ein** Junge tröstet den Hund. **Der** Junge kennt den Hund. Da kommt **eine** Frau mit einer Leine in der Hand. **Die** Frau ist eine Nachbarin und ihr gehört der Hund.

Seite 10

markiert: ein, zwölf, viele, alle, mehrere, ganz viele, einige, ein paar

Singularform	Pluralform
das Wettspiel	die Wettspiele
das Kind	die Kinder
die Aufgabe	die Aufgaben
die Mannschaft	die Mannschaften
die Pappe	die Pappen
der Stift	die Stifte
der Schreibblock	die Schreibblöcke
der Luftballon	die Luftballons
der Preis	die Preise

Notizzettel: Keine Pluralform haben z. B. Zucker, Milch, Butter, aber auch Obst, die Wut, Mannheim, Lilli

Seite 11

Der Ball fliegt über den Zaun. Der Besitzer **des Balles** will ihn holen. Doch die Nachbarin steht schon direkt vor **dem Ball**. Schnell kickt sie **den Ball** zurück.

Alle finden den Schuss **der Nachbarin** toll. Sie klatschen **der Nachbarin** Beifall. Sie nehmen **die Nachbarin** in ihre Mannschaft auf. Gerne spielt **die Nachbarin** mit.

Das Spiel beginnt. In **dem Spiel** schießt die Nachbarin alle Tore. Warum hat die Nachbarin **das Spiel** so im Griff? Am Ende **des Spiels** löst sich das Rätsel.

Seite 12

Wer wärmt sich auf?
Wessen Blick ist ernst?
Wem reicht der Trainer Wasser?
Wen erwarten alle?
Wer singt sich ein?
Wessen Konzert beginnt?
Wem reicht ein Musiker das Mikrofon?
Wen bejubeln die Fans?
Wer hat jetzt einen Auftritt?
Wessen Puls rast?
Wem stehen die Haare zu Berge?
Was wollen alle sehen?

Seite 13

Das Buch ist spannend. das spannende Buch
Der Mann ist stark. der starke Mann
Die Nuss ist oval. die ovale Nuss
Der Ritter reitet schnell. der schnelle Ritter
Der Vogel singt laut. der laute Vogel

Notizzettel: Das Adjektiv verändert sich, wenn es vor einem Nomen steht. Bezieht es sich auf ein Verb, verändert es sich nicht.

Seite 14

Berlin ist doppelt so groß wie Frankfurt.
Die Elbe ist länger als die Spree.
Der Mount Everest ist höher als die Zugspitze.
Von Berlin nach Hamburg ist es halb so weit wie von Berlin nach München.
Der Chiemsee ist genauso tief wie der Walchensee.
Die Vatikanstadt ist der kleinste Staat der Welt.
In Asien leben die meisten Menschen der Welt.

Grundstufe	1. Vergleichsstufe	2. Vergleichsstufe
tief	**tiefer**	**am tiefsten**
groß	**größer**	**am größten**
weit	**weiter**	**am weitesten**
hoch	höher	**am höchsten**
lang	länger	**am längsten**
viel	**mehr**	am meisten
klein	**kleiner**	am kleinsten

Seite 15

Hund: bellen, springen, scharren, buddeln
Pflanzen: blühen, wachsen, welken, sprießen
Regen: plätschern, nieseln, prasseln, tröpfeln, (gießen)
Gärtner: pflegen, arbeiten, düngen, jäten, spritzen, schneiden, (gießen)
Sonne: strahlen, scheinen

Seite 16

Ich räume auf. Du räumst auf. Nein, er räumt auf. Wir räumen gemeinsam auf. Ihr räumt auch mit auf. Sie räumen bereits auf.

Grundform	**Personalform**
helfen	ich **helfe**
einkaufen	du kaufst ein
kochen	er/sie/es kocht
helfen	wir **helfen**
einkaufen	ihr **kauft ein**
kochen	sie kochen

Seite 17

markiert: früher, damals, heute, später einmal, künftig, schon oft

Präteritum	Präsens	Futur
ich träumte	ich träume	**ich werde träumen**
du träumtest	**du träumst**	**du wirst träumen**
er träumte	**er träumt**	er wird träumen
sie träumte	**sie träumt**	**sie wird träumen**
es träumte	es träumt	**es wird träumen**
wir träumten	**wir träumen**	wir werden träumen
ihr träumtet	**ihr träumt**	**ihr werdet träumen**
sie träumten	sie träumen	**sie werden träumen**

Notizzettel: Bei regelmäßigen Verben endet das Präsens auf: **-e, -st, -t, -en, -t, -en**; das Präteritum auf: **-te, -test, -te, -ten, -tet, -ten**. Das Futur ist eine zusammengesetzte Zeitform. Sie wird mit **werden** gebildet.

Seite 18

Das Märchen heißt Hänsel und Gretel.
Präteritum: Es lebte einmal ein Holzhacker. Er verdiente wenig Geld. Es gab nichts zu essen. Der Holzhacker und seine Frau schickten ihre Kinder in den Wald. Dort ließen sie ihre Kinder allein.
Perfekt: Hast du das Märchen schon einmal gelesen? Ich habe das Märchen sogar schon im Theater gesehen. Ich habe es aber noch nie selbst gelesen. Schon damals habe ich mit den Kindern Mitleid gehabt. Und ich bin vor Angst unter den Sitz gekrochen.

Notizzettel: Das Präteritum nennt man auch **Erzähl**zeit, das Perfekt auch **Sprech**vergangenheit.

Seite 19

ich male; **du** malst; **er** malt, **sie** malt, **es** malt, **ihr** malt; **wir** malten, **sie** malten

Leonardo da Vinci: **Er** lebte vor ungefähr 500 Jahren in Italien.

Lösungen S. 20–26

Personen: **Sie** schauen den Betrachter oft direkt an.
Das berühmteste Bild: **Es** hängt im Museum in Paris.
Tinka und ich: **Wir** wollen das Bild aber auch einmal in Paris sehen.

Notizzettel: Ein Text klingt besser, wenn man Wiederholungen vermeidet. Mit einem Personalpronomen kann man ein Nomen ersetzen, das man bereits genannt hat.

Seite 20

Ich setze **meine Sportbrille** auf. Ich ziehe **meinen Neoprenanzug** an. Ich hole **mein Surfbrett.**
Sie bindet **ihre Fußballschuhe.** Sie wechselt **ihr Trikot.** Sie holt **ihren Fußball.**
Wir stellen **unsere Tischtennisplatte** auf. Wir holen **unsere Tischtennisschläger.** Wir spannen **unser Netz.**
Er holt **seine Geige.** Er stellt **seinen Notenständer** auf. Er blättert durch **seine Noten.**

Notizzettel: Personalpronomen: **Ihr** besucht einen Freund. Possessivpronomen: Das ist **ihr** Freund.

Seite 21

um 13.45 Uhr, **über** die Brücke, **zum** Postamt, **zwischen** den Laternen, **wegen** der Pakete, **mithilfe** von Passanten

Wörter untersuchen

Seite 24

lauwarm = **lau + warm**
Gemüsesuppe = **Gemüse + Suppe**
hellgelb = **hell + gelb**
durchbraten = **durch + braten**
Reispudding = **Reis + Pudding**
abschneiden = **ab + schneiden**
Brotkastendeckel = **Brot + Kasten + Deckel**
Kaffeetasse = **Kaffee + Tasse**
Kartoffelschale = **Kartoffel + Schale**
dickflüssig = **dick + flüssig**
Fleischbällchen = **Fleisch + Bällchen**
Salatbesteck = **Salat + Besteck**
auslöffeln = **aus + löffeln**
Nudelwasser = **Nudel + Wasser**
überlaufen = **über + laufen**

Seite 25

Mögliche Lösungen:
das Süßwasserbecken (ANN), das Schnellstraßenpflaster (ANN), die Hinterradbremse (PNN), das Hinterradschloss (PNN), das Kopfsteinpflaster (NNN), die Schnellstraße (AN), das Süßwasser (AN), das Hinterrad (PN), die Nebenstraße (PN), das Radschloss (NN), das Wasserschloss (NN), das Wasserbecken (NN), der Sauerteig (AN), das Straßenpflaster (NN), steinhart (NA)

Seite 26

Beispiele aus dem Wortgut:

Bestimmungswort	Grundwort
Tomaten	suppe
Kartoffel	suppe
Spinat	suppe
Hühner	suppe
Buchstaben	suppe
ein	laufen
ab	laufen
weg	laufen
rückwärts	laufen
fort	laufen
kirsch	rot
feuer	rot
blut	rot
orange	rot
dunkel	rot
wein	rot

Seite 27

der Rotwein	N = A + N
das Beiboot	N = P + N
weinrot	A = N + A
eislaufen	V = N + V
der Langfinger	N = A + N
totlachen	V = A + V
die Topfblume	N = N + N
nachlaufen	V = P + V

Singular: das Puppenhausdachgeschoss-zimmertürschloss
Plural: die Puppenhausdachgeschosszimmer-türschlösser

Seite 28

Liebeslieder, Meeresrauschen, Herzenswünsche, Sonnenschein, Kinderträume, Schwanengesang

das Segelschiff (n), die Schwimmflossen (en), die Tauchübung (en), die Heulboje (en), das Paddelboot (n), der Badestrand (n)

Notizzettel: Wörter werden so zusammengesetzt, dass man sie gut sprechen kann.

Seite 29

malen, die Malerei, bemalt, die Bemalung, der Maler, die Malerin, malerisch, unbemalt
das Gesuch, suchen, der Besuch, versuchen, der Versuch, besuchen
die Liebe, die Liebschaft, der Liebling, unbeliebt, beliebt, verliebt, lieblich, liebsam, lieben
schön, die Schönheit, verschönern, beschönigen, der Schönling, die Schöne, unschön

Seite 30

Vorangestellte Wortbausteine: erleben, Unglück, enttäuschen, zerlegen, verteidigen, besitzen
Nachgestellte Wortbausteine: Erlebnis, unglücklich, Enttäuschung, zerlegbar, Verteidigung, Besitztum

Sparsam|keit, Unterhalt|ung, Bäcker|ei, Verwandt|schaft, ~~spar|sam~~, Eigen|tum, Gesund|heit, Zeug|nis

fröh|lich, mürr|isch, geiz|ig, ~~Fröh|lich|keit~~, bieg|sam, liefer|bar, zahn|los

Notizzettel: Nomen: **-heit, -keit, -ung, -ei, -schaft, -nis, -tum**
Adjektive: **-ig, -isch, -lich, -sam, -bar, -los**

Seite 31

greifen: ei → **i**
froh: o → **ö**
der Traum: au → **äu**
schließen: ie → **o**
genießen: ie → **u, ü**
graben: a → **ä, u**
sprechen: e → **a, u, ä**

Seite 32

Personenkraftwagen, Lastkraftwagen, Short Message Service, Deutsches Rotes Kreuz, Europäische Union, Bundesgartenschau, Kraftfahrzeug, Deutscher Fußballbund, Schiedsrichter, Kindertagesstätte, Wireless Local Area Network, Mehrwertsteuer

Seite 33

Wortkürzung	Wort	Zusammenhängender Teil	Mischform
O-Saft	Orangensaft		X
Demo	Demonstration	X	
Uni	Universität	X	
Dino	Dinosaurier	X	
Info	Information	X	
Ü-Wagen	Übertragungswagen		X
EUR	Euro	X	
Navi	Navigationssystem	X	
Abo	Abonnement	X	
Kilo	Kilogramm	X	
U-Bahn	Untergrundbahn		X

Sätze untersuchen

Seite 36

Mika angelt seiner Mutter frische Fische.
Seiner Mutter angelt Mika frische Fische.
Frische Fische angelt Mika seiner Mutter.
Angelt Mika seiner Mutter frische Fische?

Mikas Mutter brät die frischen Fische.
Die frischen Fische brät Mikas Mutter.
Brät Mikas Mutter die frischen Fische?

Notizzettel: Mit der Umstellung eines Satzglieds, z. B. an den Anfang eines Satzes, kann ich es besonders hervorheben.

Seite 37

Mögliche Lösungen:
Wer schleppt die Puppe? Das Mädchen schleppt die Puppe.
Wer schiebt den Kinderwagen zum Einchecken? Der Vater schiebt den Kinderwagen zum Einchecken.
Was liegt auf dem Kinderwagen? Der Koffer liegt auf dem Kinderwagen.
Wer liegt im Kinderwagen? Das Baby liegt im Kinderwagen.
Wer zieht die Trolleys? Die Stewardessen ziehen die Trolleys.
Wer sitzt auf dem Arm seiner Mutter? Das Baby sitzt auf dem Arm seiner Mutter.
Wer rennt schnell dem Flugzeug hinterher?
Der Pilot rennt schnell dem Flugzeug hinterher.

Seite 38

sitzt – **sitzen**, arbeitet – **arbeiten**, schleicht – **schleichen**, scheppert – **scheppern**, stört – **stören**, steht – **stehen**, zeigt – **zeigen**, sieht – **sehen**

Seite 39

Sie ist davor vom Einer gesprungen.
Sie ist sogar schon vom Fünfer gesprungen.
Ist sie eigentlich schon vom Zehner gesprungen?
Er wird heute nur einen Teil streichen.
Er wird morgen wieder streichen.
Wird er den Zaun alleine streichen?
Der Schiri soll endlich pfeifen.
Er darf nicht falsch pfeifen.
Kann er eigentlich auch ein Lied pfeifen?

Seite 40

Die Klasse 3a **meldet** sich zu einem Mathewettbewerb **an.** Die Kinder **wählen** gemeinsam ein Thema **aus**. In Gruppen **bereiten** sie es **vor**. Anschließend **stellt** jede Gruppe ihr Ergebnis **vor**. Die Gruppensprecher **tragen** die Ergebnisse **zusammen**. Sie **halten** diese auf einem Plakat **fest**. Die Schulsekretärin **schickt** es **ab**. Gespannt **warten** alle das Ergebnis **ab**.

Seite 41

Der Wind weht. Die Zweige knacken.
Die Nüsse fallen. Der Igel raschelt.
Der Mond leuchtet. Das Käuzchen ruft.
Die Wolken ziehen.

Seite 42

Schmetterlinge sind in zwei Gruppen eingeteilt.
Sie heißen Tagfalter und Nachtfalter.
Die Tagfalter sind am Tag aktiv.
Die Nachtfalter sind nachts aktiv.
Viele haben tolle Namen.
Kleiner Fuchs, Tagpfauenauge und Kohlweißling gehören zu den Tagfaltern.

Was? große Pflanzen, ein Brunnen, eine Schautafel
Wer? viele Besucher, eine Lehrerin, die Kinder

Seite 43

Jim und Ilias besuchen **den Zoo**. Sie besorgen **Futter für die Tiere**. Zuerst suchen sie **das Affenhaus.** Sie füttern **die Affen**.

Seite 44

Spinnen faszinieren den Naturforscher.
Spinnen faszinieren die Biologin.
Spinnen faszinieren das Kätzchen.
Die Spinne frisst einen Käfer.
Die Spinne frisst eine Fliege.
Die Spinne frisst ein Insekt.
Spinnen wickeln ihren Fang ein.
Spinnen wickeln ihre Beute ein.
Spinnen wickeln ihr Opfer ein.

Wen? Kreuzspinnen, Spinner, Naturschützer
Was? ihre Netze, unseren Garten, die Natur

Notizzettel:
Artikel: **den, die, das – einen, eine, ein**
Pronomen: **ihren, ihre, ihr**

Seite 45

Das Tragen fällt dem alten Esel schwer.
Das Fliegen fällt der alten Gans schwer.
Das Gehen fällt dem alten Schaf schwer.
Das Tragen fällt einem alten Esel schwer.
Das Fliegen fällt einer alten Gans schwer.
Das Gehen fällt einem alten Schaf schwer.
Der Bauer sagt:
Meinem alten Esel fällt das Tragen schwer.
Meiner alten Gans fällt das Fliegen schwer.
Meinem alten Schaf fällt das Gehen schwer.

Notizzettel: Artikel: **dem, der, dem – einem, einer, einem**
Pronomen: **meinem, meiner, meinem**

Seite 46

Mögliche Lösungen:
Oma leiht dem Nachbarn die Gartenschere.
Oma schreibt dem Bürgermeister einen Beschwerdebrief.
Oma backt allen viele kleine Kekse.
Oma häkelt ihrem Enkel eine Wollmütze.
Oma singt dem Baby ein Schlaflied.
Oma simst ihrer Freundin eine Nachricht.
Oma spendet dem Fußballverein neue Bälle.

Seite 47

Mögliche Lösungen:
Ich trommle. Ich trommle gerne. Ich trommle gerne im Keller. Ich trommle gerne sonntags.
Ich trommle im Keller wegen der Nachbarn.
Ich trommle gerne wegen der Nachbarn sonntags im Keller. Wegen der Nachbarn trommle ich im Keller. Sonntags trommle ich im Keller.

Seite 48

Wo klingelt Bruno? An der Tür.
Woher kommt er? Aus der Schule.
Wohin fährt er? In die Sporthalle.
Mit diesen Fragewörtern frage ich nach **dem Ort.**
Wann trainiert er? Nachmittags.
Wie oft trainiert er? Zweimal die Woche.
Wie lange dauert das Training? 50 Minuten.
Mit diesen Fragewörtern frage ich nach **der Zeit.**
Warum schwimmt er in der Staffel?
Wegen seiner Freunde.
Mit diesem Fragewort frage ich nach **dem Grund.**
Wie trainiert er? Mit einem Styroporbrett.
Mit diesem Fragewort frage ich nach **der Art und Weise.**

Seite 49

Mögliche Lösung:
Ein Chinese sitzt am Mittag vergnügt wegen der Hitzewelle im Fluss.
Am Mittag sitzt ein Chinese wegen der Hitzewelle vergnügt im Fluss.
Wegen der Hitzewelle sitzt vergnügt ein Chinese im Fluss am Mittag.
Vergnügt sitzt im Fluss wegen der Hitzewelle ein Chinese am Mittag.

Satzarten unterscheiden

Seite 52

Haustiere brauchen Zuwendung und Pflege. **M**ein Haustier versorge ich gut. **O**ft streichle ich es vorsichtig. **G**estern schnurrte es sogar. **B**eim Spielen spüre ich manchmal seine Krallen.

Lösungen S. 53–56

Manche Haustiere brauchen wenig Platz. **S**ie machen auch tagsüber keinen Lärm. **S**olche Haustiere habe ich. **R**ichtig kuscheln kann ich nicht mit ihnen. **D**as ist schade. **G**estern Abend habe ich sie lange in ihrem Aquarium beobachtet.
Einige Haustiere brauchen viel Auslauf. **I**ch gehe mit meinem jeden Tag spazieren. **A**ußerdem kann es durch unseren Garten toben. **D**ort können wir auch zusammen Fußball spielen.

Seite 53

Wolken unterscheiden sich.
Tiefe Wolken bilden …
Oft bringen …
Hoch am Himmel sieht …
Dicke, weiße Haufenwolken liegen …
Durch starken Wind entstehen …
Wilde Tiere treibt …
Den Tieren geben …
Früher oder später verschwinden …

Alle Satzglieder können den Platz wechseln, nur das geteilte Prädikat (ausdrucken) verändert seine Position nicht.

Seite 54

Welchen Beruf haben Sie?
Wie viele Tiere versorgen Sie?
Wen füttern Sie am liebsten?
Wie viele Mahlzeiten bekommen die Robben am Tag?
Womit füttern Sie die Robben?
Wie werfen Sie den Robben den Fisch zu?
Was gefällt Ihnen an den Robben?

Seite 55

rot umrandet:
Wer geht heute mit ins Kino? Welcher Film läuft denn? Wann fängt der Film an?
Wie lange dauert der Film? Wer spielt mit?
Warum hast du diesen Film ausgesucht?
Wo wird der Film gezeigt?

grün umrandet:
Kommst du mit? Das soll ein guter Film sein?
Holst du mich vor dem Kino ab?
Habt ihr schon Karten besorgt? Gibt es dort Rollstuhlplätze? Kaufen wir uns vorher Popcorn? Darf ich meine Schwester mitnehmen?
Gehen wir zur Nachmittagsvorstellung?
Ist es ein 3-D-Film? Versorgt uns das Kino mit 3-D-Brillen? Fahren wir mit dem Bus?

Seite 56

Wer fährt mit? Fährt jemand mit?
Wen sollen wir noch anrufen? Sollen wir noch jemanden anrufen?
Womit fahren wir? Fahren wir mit dem Schiff?
Wohin fährt das Schiff? Fährt das Schiff bis Hamburg?
Wie lange braucht das Schiff? Braucht das Schiff lange?
Wer kauft die Schiffskarten? Kauft einer die Schiffskarten?
Wer bezahlt sie? Bezahlt sie jemand?
Welches Schiff fährt? Fährt das große Schiff?
Wo starten wir? Starten wir am großen Anleger?
Wann legt das Schiff ab? Legt das Schiff gleich ab?
Wie viele Passagiere nimmt es mit? Nimmt es viele Passagiere mit?
Was gibt es dort am Kiosk? Gibt es dort etwas am Kiosk?
Wieso nehmen wir kein Lunchpaket mit? Nehmen wir kein Lunchpaket mit?
Wann kommen wir genau an? Kommen wir erst am Abend an?

Notizzettel: Ergänzungsfragen werden mit Fragewörtern eingeleitet. Auf diese kann man mit einem Wort oder mit einem Satz antworten. Auf Entscheidungsfragen antwortet man mit Ja/Nein. Sie beginnen mit einem Prädikat.

Seite 57

	A o. W	Befehl
Holt bitte einen Einkaufswagen.	X	
Rennt nicht rum mit dem Einkaufswagen!		X
Passt doch auf!		X
Bleibt stehen!		X
Lasst die Eier nicht fallen!		X
Legt den Eierkarton vorsichtig in den Wagen.	X	
Lasst mich bitte in Ruhe einkaufen.	X	
Fasst nicht alles an!		X
Kaufe bitte noch eine Pizza für uns.	X	
Sucht euch eine aus.	X	
Kommt endlich!		X
Geht schon mal an die Kasse.	X	
Legt bitte die Waren einfach aufs Band.	X	
Schmuggelt ja nichts anderes dazu!		X

Seite 58

1. Stelle eine leere Glasflasche in das Gefrierfach.
2. Hole sie nach zwei Stunden aus dem Gefrierfach.
3. Ziehe einen Luftballon über die Flaschenöffnung.
4. Erwärme die Flasche im Wasserbad.
5. Beobachte den Luftballon.

Notizzettel: Aufforderungssätze werden meistens bei Anleitungen verwendet: Versuchsanleitung, Kochanleitung, Bauanleitung (z. B. eines Modellflugzeuges) …

Seite 59

Mögliche Lösungen:

Sind die vielleicht schnell! Super! Das war aber ein cooles Rennen! Seref ist ein so schneller Schwimmer! Der arme Bruno!

Paula ist wirklich gut!

Das ist ja echt knapp!

Sätze verbinden

Seite 62

Sätze, die allein stehen können:

Ronja liegt im Bett.
Ronjas Bruder geht schwimmen.
Oma kommt sofort.
Oma kommt immer.
Oma macht ihr Wadenwickel.
Mieze legt sich auf Ronjas Bett.
Ronja freut sich.
Mieze und Ronja schlafen.

Sätze, die nicht alleine stehen können:

weil sie Fieber hat – während sie zu Hause bleiben muss – obwohl sie eigentlich keine Zeit hat – wenn Ronja krank ist – dass sie nicht alleine ist – damit das Fieber sinkt – als Oma später nach Ronja schaut – auch wenn sie das eigentlich nicht darf

Notizzettel: Auch Sätze, die alleine stehen können, müssen in einer sinnvollen Reihenfolge stehen, sonst ergibt der Text keinen Sinn.

Seite 63

Sofia sitzt immer noch an ihren Hausaufgaben, obwohl sie gar nicht viel auf hat.
Sie hat zuerst lange mit ihrer Freundin telefoniert, bevor sie überhaupt mit den Aufgaben angefangen hat.
Sie muss heute noch zum Handballtraining, weil ihre Mannschaft morgen ein wichtiges Spiel hat.
Sie will aber erst zum Training, nachdem sie die Hausaufgaben erledigt hat.
Schnell schaut sie auf dem Busfahrplan nach, wann der nächste Bus fährt.
Sie zieht schon ihren Trainingsanzug an, während sie noch die 12er-Reihe übt.
Jetzt beeilt sie sich, damit sie den Bus nicht verpasst.
Sie freut sich, dass alles noch geklappt hat.

Lösungen S. 64–69

Seite 64

Astrid Lindgren hat viele Kinderbücher geschrieben, sie ist eine berühmte Autorin.
Jacob und Wilhelm Grimm haben viele Märchen geschrieben, sie waren Brüder.
Albert Einstein war ein berühmter Mathematiker, er streckt auf einem Bild die Zunge heraus.
Columbus hat Amerika entdeckt, das war ein Zufall.
Alfred Nobel war ein großer Erfinder, er hat den Nobelpreis gestiftet.
Max und Moritz wurden von Wilhelm Busch erfunden, er war ein berühmter Dichter.

Seite 65

Celia geht zu Fuß zur Schule **oder** sie nimmt das Fahrrad.
Jason kommt früh in die Schule **und** er versorgt dann das Aquarium.
Mina gießt die Blumen **und** ihre Freundin hilft ihr.
Nele arbeitet morgens in der Matheecke **oder** sie geht in das Musikzimmer.
Paul isst in der Mensa **oder** er geht nach Hause.
Igor denkt sich Knobelaufgaben aus **und** er verteilt sie überall in der Klasse.

Seite 66

Bindewörter: seit, weil, obwohl, damit, dass, während
Komma vor dem Bindewort überpüfen!

Seite 67

Mögliche Lösungen:
Tim singt laut, **während** seine Schwester telefoniert.
Tim singt laut, **weil** seine Schwester telefoniert.
Tim singt laut, **obwohl** seine Schwester telefoniert.
Tim singt laut, **damit** seine Schwester aufhört zu telefonieren.

Seite 68

Tim hat gehört**, dass** im Schulorchester eine Trompete fehlt.
Bisher weiß niemand**, dass** er schon lange Trompete spielt.
Er freut sich**, dass** er nun eine Chance bekommt.
Er hat aber Angst**, dass** er keinen Ton rausbringen wird.
Doch sein Musiklehrer ist sicher**, dass** er das schafft.
Im Konzert zeigt Tim**, dass** er toll spielen kann.
Die Zuhörer sind so begeistert**, dass** sie laut applaudieren.
Vor Freude spielt er so fetzig**, dass** es alle von den Stühlen reißt.

Seite 69

Paolo möchte eine Trommel, seit er bei einem Trommelkurs war.
Seit er bei einem Trommelkurs war, möchte Paolo eine Trommel.
Paolo möchte, **seit er bei einem Trommelkurs war,** eine Trommel.
Seine Eltern sind nicht begeistert, weil sie an den Krach denken.
Weil sie an den Krach denken, sind seine Eltern nicht begeistert.
Seine Eltern sind, **weil sie an den Krach denken,** nicht begeistert.
Paolo lässt nicht locker, obwohl er seine Eltern versteht.
Obwohl er seine Eltern versteht, lässt Paolo nicht locker.
Paolo lässt, **obwohl er seine Eltern versteht,** nicht locker.

Notizzettel: Mit der Umstellung des Nebensatzes kann ich ihn besonders hervorheben.

Grammatische Fachbegriffe zum Ausschneiden

Auf diesem Leporello findest du grammatische Fachbegriffe und wie sie noch genannt werden können. Schneide das Leporello aus und knicke es an den gestrichelten Linien. Du kannst es benutzen, wenn du die Übungen der einzelnen Kapitel bearbeitest. Du kannst es aber auch in der Schule oder bei deinen Hausaufgaben verwenden, wenn du mit diesen Fachbegriffen umgehen musst.

Wortarten unterscheiden

Nomen	Namenwort der Stift
Artikel	Begleiter der, die, das, ein, eine, ein
Nominativ	1. Fall der Stift
Genitiv	2. Fall des Stiftes
Dativ	3. Fall dem Stift
Akkusativ	4. Fall den Stift
Singular	Einzahl der Stift
Plural	Mehrzahl die Stifte

Adjektiv	Wiewort
Positiv	Grundstufe klein
Komparativ	1. Vergleichsstufe kleiner
Superlativ	2. Vergleichsstufe am kleinsten
Verb	Tunwort
Infinitiv	Grundform turnen
Personal-form	ich turne, du turnst
Präsens	Gegenwart er turnt
Präteritum	1. Vergangenheit er turnte
Perfekt	2. Vergangenheit er hat geturnt
Futur	Zukunft er wird turnen

Pronomen	Fürwort
Personal-pronomen	persönliches Fürwort ich, du, wir, ihr ...
Possessiv-pronomen	besitzanzeigen-des Fürwort mein, dein, unser ...
Präposition	Verhältniswort in, an, auf ...
Konjunktion	Bindewort und, oder, doch ...

Wörter untersuchen

Zusammensetzung	die Haustür
Grundwort	die Haus**tür**, hell**rot**
Bestimmungswort	die **Haus**tür, **hell**rot
Fugenelement	die Lieblings**s**-farbe
Ableitung	spielen → spielbar, Spieler ...
Wortstamm	**spiel**en
Präfix – vorangestellter Wortbaustein	er-, be-, zer- ...
Suffix – nachgestellter Wortbaustein	-nis, -ung, -ig ...
Wortkürzung	Ufo, Kripo, O-Saft

Sätze untersuchen

Subjekt	Satzgegenstand **Tim** schreibt.
Prädikat	Satzaussage Tim **schreibt.**
Objekt	Satzergänzung
Akkusativobjekt	4. Fall Tim schreibt **eine SMS.**
Dativobjekt	3. Fall Tim schreibt **seiner Oma.**
adverbiale Bestimmung	Umstands-Bestimmung Tim schreibt **abends.**

Satzarten unterscheiden

Aussagesatz	Mia schläft.
Fragesatz	Schläft Mia? Wo schläft Mia?
Aufforderungssatz	Bitte, hilf mir. Schlaf, Mia!
Ausrufesatz	Oh, Mia schläft!
Hauptsatz	Till lacht.
Nebensatz	..., weil Nina grinst.